व्याकरण रश्मि

3

श्रीमती नीरा नारायण
डॉ. मंजू गुप्ता

SCHOLARS HUB
NEW DELHI

First Published 2006
Revised Edition 2024

प्राक्कथन

प्रस्तुत पुस्तक 'व्याकरण रश्मि' शृंखला की तीसरी कड़ी है, जिसमें पाँचवीं कक्षा के विद्यार्थियों के भाषा-विकास को शुद्ध एवं सुदृढ़ आधार प्रदान करने का प्रयास किया गया है। अपने सुदीर्घ अध्यापन-काल में व्याकरण पुस्तकों का बोझिल स्वरूप और अधूरापन हमें खलता रहा है। 'व्याकरण-रश्मि' शृंखला में हमने उन सभी कमियों को न केवल दूर किया है अपितु व्याकरण को सरस एवं सरल विषय बनाने का भी प्रयास किया है। विद्यार्थियों तथा अध्यापकों, दोनों की आवश्यकताओं को ध्यान में रखते हुए व्याकरण को अधिक-से-अधिक व्यावहारिक बनाने को महत्त्व दिया है।

इस पुस्तक में व्याकरण की सभी इकाईयों को सरल एवं सुबोध रीति से समझाया गया है और अभ्यास में इस प्रकार के प्रश्न दिए गए हैं जिनसे वह ईकाई विद्यार्थी पूर्णरूप से आत्मसात करने में समर्थ हो सके। भाषा शुद्ध हो और साथ-ही-साथ प्रभावशाली हो इसके लिए ऐसे पाठों का भी समावेश किया गया है जो व्याकरण की उपलब्ध पुस्तकों में शायद ही आपको मिलें।

इस पुस्तक को हर दृष्टि से संपूर्णता प्रदान करने का हमने भरसक प्रयास किया है। विद्वजनों के उपयोगी सुझावों का भी हम सहर्ष स्वागत करेंगे।

लेखिका द्वय

श्रीमती नीरा नारायण
अध्यक्ष, हिंदी विभाग
बिरला विद्या निकेतन
पुष्प विहार-IV, नई दिल्ली

डॉ. मंजू गुप्ता
अध्यक्ष, संस्कृत विभाग
बिरला विद्या निकेतन
पुष्प विहार-IV, नई दिल्ली

विषय-क्रम

1. भाषा एवं व्याकरण *(Language & Grammar)*

बच्चो! आप जानते ही हैं कि मानव पहले जंगलों में रहता था। धीरे-धीरे उसने समूह में रहना सीखा और फ़िर खेती-बाड़ी शुरू की और गाँव बसे। हर प्राणी अपनी जाति के प्राणी से विशेष आवाज़ों द्वारा संबंध बनाता है या संपर्क करता है। मानव बुद्धिशाली प्राणी है इसीलिए पहले उसने ध्वनि से तथा बाद में भाषा के माध्यम से संपर्क बनाए। क्योंकि सभ्यता का विकास दूर-दूर अलग-अलग हुआ, इसीलिए संसार में भाषाएँ भी अलग-अलग हैं। आइए, इस विषय में कुछ विशेष जानकारी प्राप्त करें :—

- ❖ अपने विचारों एवं भावनाओं को प्रकट करने का साधन है — भाषा।
- ❖ भाषा का पहले मौखिक रूप विकसित हुआ और बाद में लिखित रूप।
- ❖ भाषा के लिखित रूप को लिपि कहते हैं।
- ❖ भाषा सुनकर, बोलकर, पढ़कर एवं लिख कर सीखी जाती है।
- ❖ भाषा के शुद्ध स्वरूप को जानने व समझने का माध्यम है — व्याकरण।

हिंदी भाषा व लिपि

हिंदी तथा उत्तर भारत में बोली जाने वाली सभी भाषाएँ संस्कृत से निकली हैं। संस्कृत उनकी जननी है तथा अन्य उत्तर भारतीय भाषाएँ हिंदी की बहनें हैं। जैसे पंजाबी, गुजराती, मराठी, बांग्ला, उड़िया, असमिया आदि। संस्कृत की लिपि देवनागरी है और हिंदी भाषा भी देवनागरी लिपि में ही लिखी जाती है।

भाषा के रूप

1. **मातृ-भाषा** — हम उस भाषा को कहते हैं जो हम अपने परिवारवालों से बोलते हैं। मातृ-भाषा अर्थात् माँ की भाषा। बच्चा सबसे पहले मातृ-भाषा ही सीखता है। जैसे उत्तर प्रदेश, हरियाणा, मध्यप्रदेश, राजस्थान में जन्म लेने व रहनेवालों की मातृ-भाषा हिंदी है तो पंजाब में पंजाबी, महाराष्ट्र में मराठी, बंगाल में बांग्ला उनकी मातृ-भाषा है।

2. **संपर्क-भाषा** — उस भाषा को कहते हैं जिसे हम दूसरे प्रांत वालों या दूसरे भाषा-भाषियों से संपर्क करने के लिए बोलते हैं। भारत में हिंदी व अंग्रेज़ी संपर्क भाषाएँ हैं।
3. **राष्ट्र-भाषा** — देश का संविधान जिस भाषा को स्वीकार करता है उसे राष्ट्र-भाषा कहते हैं। भारत में यह स्थान 'हिंदी' को प्राप्त है।
4. **राज-भाषा** — जिस भाषा में सरकारी काम-काज होता है उसे राज-भाषा कहा जाता है। स्वतंत्र होने से पूर्व यह स्थान अंग्रेज़ी को प्राप्त था। आज हिंदी राष्ट्र-भाषा स्वीकार कर लिए जाने पर भी अंग्रेज़ी ही प्रायः राज-भाषा के रूप में प्रयोग की जाती है।

भारत की प्रमुख लिपियाँ

	भाषा	लिपि का नाम
1.	हिंदी	देवनागरी
2.	पंजाबी	गुरमुखी
3.	उर्दू	फ़ारसी
4.	अंग्रेज़ी	रोमन

व्याकरण का महत्त्व

किसी भी भाषा को सीखने व उसके शुद्ध रूप को जानने के लिए व्याकरण का ज्ञान आवश्यक है। व्याकरण द्वारा ही हम जान पाते हैं कि भाषा में शब्दों व वाक्यों का निर्माण कैसे होता है। व्याकरण के नियमों को नहीं जानने से ही भाषा का अशुद्ध प्रयोग होता है। जैसे एक बांग्ला भाषी लिंग संबंधी त्रुटियाँ कर बैठते हैं क्योंकि उनकी भाषा में लिंग भेद क्रिया में नहीं होता। 'मेरा पिता आएगी' और 'मेरे पिता आए हैं', इन दोनों वाक्यों में से पहला क्यों अशुद्ध है और दूसरा क्यों शुद्ध है — यह व्याकरण के नियमों द्वारा ही ज्ञात होता है।

भाषा के शुद्ध रूप के साथ-साथ व्याकरण उसका सुंदर व प्रभावशाली रूप सिखाने का काम भी करती है। इसीलिए पर्यायवाची, अनेकार्थी शब्दों का ज्ञान, मुहावरों, लोकोक्तियों का प्रयोग भी व्याकरण के अंतर्गत कराया जाता है।

सोचें, समझें और लिखें

1. निम्नलिखित कथनों के सामने सही (✓) अथवा गलत (×) का चिह्न लगाएँ।
   - क) भाषा का लिखित रूप पहले विकसित हुआ। ☐
   - ख) भाषा के लिखित रूप को लिपि कहते हैं। ☐
   - ग) भारत की राष्ट्र-भाषा अंग्रेज़ी है। ☐
   - घ) भाषा का मौखिक रूप बोलना तथा लिखित रूप लिपि होता है। ☐

2. नीचे दिए वर्गों का सही मिलान करें।

क) पंजाबी	i) देवनागरी
ख) अंग्रेज़ी	ii) गुरमुखी
ग) हिंदी	iii) फ़ारसी
घ) उर्दू	iv) रोमन

3. भारत के विभिन्न प्रांतों व वहाँ बोली जानेवाली भाषा के नाम लिखें।

क्रमांक	प्रांत का नाम	वहाँ बोली जानेवाली भाषा
1.		
2.		
3.		
4.		
5.		
6.		

4. नीचे दिए गए भारत के मानचित्र में, प्रांतों में, वहाँ की भाषाओं के नाम लिखें।

2. वर्ण-विचार *(Alphabet)*

संचित फुटबॉल खेल रहा है। संसृता गुड़िया से खेल रही है।

उपर्युक्त वाक्य कई वर्णों के मेल से बना है। जैसे, संचित — स्+अं+च्+इ+त्+अ, फुटबॉल — फ्+उ+ट्+अ+ब्+ऑ+ल्+अ, खेल — ख्+ए+ल्+अ, रहा — र्+अ+ह्+आ, है — ह्+ऐ। संचित एवं फुटबॉल की तरह हम इन वर्णों के और टुकड़े नहीं कर सकते। अतः हम कह सकते हैं **भाषा की वह सबसे छोटी इकाई जिसके और टुकड़े न किए जा सकें 'वर्ण' कहलाते हैं।**

वर्णों के व्यवस्थित एवं क्रमबद्ध समूह को **वर्णमाला** कहा जाता है। वर्णमाला में तीन प्रकार के वर्ण हैं — **स्वर, व्यंजन, अयोगवाह**।

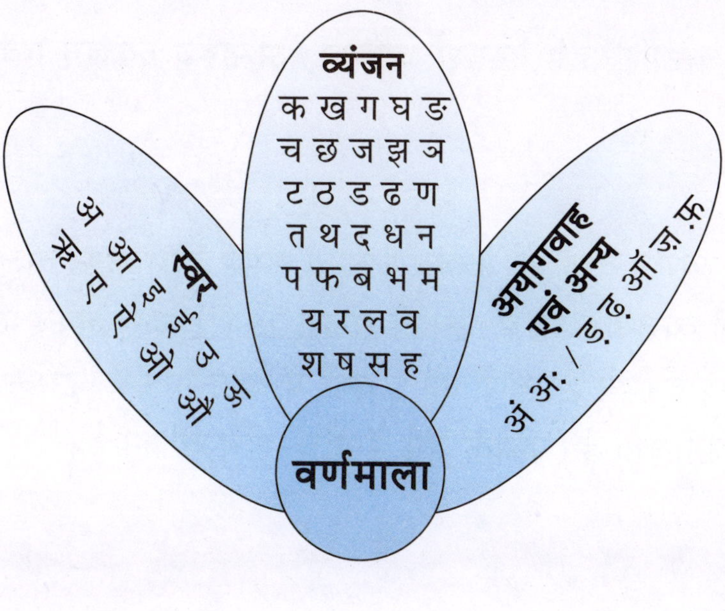

इससे पहली कक्षा में आप वर्णों का विस्तार से अध्ययन कर चुके हैं। पुनःस्मरण के लिए संक्षेप में इसका वर्णन किया जा रहा है।

स्वर

जिन ध्वनियों का उच्चारण करते समय श्वास वायु बिना किसी रुकावट के बाहर निकलती

है उसे **स्वर** कहते हैं। अर्थात् स्वरों के उच्चारण के लिए किसी अन्य वर्ण की सहायता नहीं लेनी पड़ती। मूल रूप में स्वरों की संख्या ग्यारह है — अ, आ, इ, ई, उ, ऊ, ऋ, ए, ऐ, ओ, औ। स्वरों को तीन भागों में बाँटा गया है — ह्रस्व स्वर, दीर्घ स्वर, एवं प्लुत स्वर।

जिनके उच्चारण में कम समय लगता है उन्हें **ह्रस्व स्वर** कहा जाता है। इनकी संख्या चार है — अ, इ, उ, ऋ। जिनके उच्चारण में ह्रस्व स्वर से दुगुना समय लगता है उन्हें **दीर्घ स्वर** कहा जाता है। जैसे — आ, ई, ऊ, ए, ऐ, ओ, औ। प्लुत स्वर बुलाने में प्रयुक्त होते हैं।

व्यंजन

जिन वर्णों का उच्चारण करते समय श्वास वायु रुकावट के साथ बाहर निकलती है उसे व्यंजन कहा जाता है। अर्थात् व्यंजनों के उच्चारण के लिए स्वरों की सहायता लेनी पड़ती है। बिना स्वर के भी व्यंजन लिखे जाते हैं। उनका स्वरूप इस प्रकार होता है — क्, ख्, ग्, घ्, ङ् आदि। जब इसमें अ स्वर मिला दिया जाता है तब इनका रूप इस प्रकार होता है — क, ख, ग, घ, ङ आदि।

व्यंजनों की संख्या 33 है। दो व्यंजन ड़ एवं ढ़ स्वीकृत किए गए हैं जिससे इनकी संख्या 35 हो गई है।

व्यंजन भेद

व्यंजनों को तीन भागों में बाँटा गया है। **स्पर्श व्यंजन, अन्तस्थ व्यंजन** एवं **उष्म व्यंजन**।

स्पर्श व्यंजन

स्पर्श का अर्थ है छूना। जिन व्यंजन वर्णों का उच्चारण करते समय जीभ कण्ठ तालु आदि का स्पर्श करती है उसे स्पर्श व्यंजन कहते हैं। इनकी संख्या 25 है। क से लेकर म तक के व्यंजन वर्ण स्पर्श कहे जाते हैं। इन 25 वर्णों को 5 वर्गों में बाँटा गया है। इसका कारण इनके उच्चारण स्थान की समानता है। प्रत्येक वर्ग में पाँच-पाँच व्यंजन हैं।

जैसे — क, ख, ग, घ, ङ। इन पाँचों वर्णों का उच्चारण करते समय जीभ की स्थिति एक जैसी रहती है। ऐसे ही अन्य चार वर्गों की स्थिति भी है। इनके प्रथम अक्षर के आधार पर इन वर्गों का नाम रखा गया। कवर्ग, चवर्ग, टवर्ग, तवर्ग एवं पवर्ग। (चित्र में इन वर्गों के वर्णों को देखें।)

अंतस्थ व्यंजन

अंतस्थ का अर्थ है बीच में। स्वर एवं व्यंजन के बीच स्थित य, र, ल, व **अंतस्थ** कहे जाते हैं।

उष्म व्यंजन

उष्मा का अर्थ है गर्मी। जिन वर्णों के उच्चारण में अधिक गरम हवा बाहर निकलती है उसे **उष्म** वर्ण कहते हैं। श, ष, स, ह ये चार वर्ण उष्म व्यंजन कहे जाते हैं।

संयुक्त व्यंजन

जब दो स्वररहित व्यंजन मिलाकर बोले जाते हैं तो उन्हें संयुक्त व्यंजन कहा जाता है। क्ष, त्र, ज्ञ एवं श्र, ये संयुक्त व्यंजन हैं। **ये चारों संयुक्त व्यंजन हैं जिनका व्यंजनों के संयोग के बाद रूप परिवर्तित हो जाता है**। जैसे —

क्+ष् — क्ष	त्+र् — त्र	ज्+ञ् — ज्ञ	श्+र् — श्र
↓	↓	↓	↓
कक्षा	रात्रि	ज्ञान	श्रम

अयोगवाह

वर्णमाला का तीसरा भेद अयोगवाह है। हिंदी में कुछ ध्वनियाँ न स्वर के अंतर्गत आती हैं न व्यंजन के अंतर्गत आती हैं। इनका प्रयोग अ के बिना संभव नहीं। अ के साथ वाहन करने के कारण इन्हें अयोगवाह कहा जाता है। जैसे — हंस, हँस, एवं, अतः। इसके तीन रूप हैं — अनुस्वार, अनुनासिक एवं विसर्ग।

अनुस्वार — इसका चिह्न ' ं ' है वर्ग का प्रत्येक पाँचवां अक्षर अनुस्वार होता है (ङ, ञ, ण, न, म)। इनका उच्चारण नाक की सहायता से किया जाता है।

अनुनासिक — यह हिंदी की विशेष प्रवृत्ति है। इसका चिह्न ' ँ ' है। जैसे — गाँव, आँख आदि।

विसर्ग — इसका उच्चारण ह के समान होता है। इसका चिह्न ' : ' है। अतः, प्रायः आदि। संस्कृत में यह विभक्ति चिह्न के रूप में प्रयोग में आता है।

मात्राएँ

भाषा में स्वरों का स्वतंत्र प्रयोग भी होता है तथा व्यंजनों के साथ मिलाकर भी इसका प्रयोग किया जाता है। जब व्यंजनों के साथ इनको मिलाया जाता है तब इन्हें 'मात्रा' का नाम दिया जाता है।

अ	आ	इ	ई	उ	ऊ	ऋ	ए	ऐ	ओ	औ	अं	अः
कोई मात्रा नहीं	ा	ि	ी	ु	ू	ृ	े	ै	ो	ौ	ं	ः

अँ	ऑ
ँ	ॅ

व्यंजन वर्णों को आधा करने का तरीका

जिन व्यंजन वर्णों के अंत में 'ा' रेखा होती है उस रेखा को हटाने पर वह आधा हो जाता है। जैसे — ख, ग, घ, च, ज, झ, ञ, ण, त, थ, ध, न, प, ब, भ, म, य, ल, व, श, ष, स, क्ष, त्र, ज्ञ। इन सभी वर्णों से अंत की रेखा हटाकर आधा अक्षर बनता है। ख्याल, ग्वाला, कृतघ्न, बच्चा आदि।

ङ, छ, ट, ठ, ड, ढ, द, ह, इन वर्णों के नीचे हलंत लगाकर इन्हें आधा बनाया जाता है। जैसे — टट्टू, विद्यालय, गड्ढा, चिह्न आदि। क एवं फ की नीचे आनेवाली रेखा को मिटाकर आधा बनाया जाता है। जैसे — पक्का, दफ्तर आदि। आधा र लिखने के भी तीन ढंग हैं। यदि र् के पहले कोई स्वर हो तो र् अपने बाद में आनेवाले वर्ण के ऊपर लिखा

जाता है। जैसे — ध्+अ+र्+म्+अ = धर्म। यदि र् के पहले कोई अर्ध व्यंजन हो और र् के बाद कोई स्वर हो तो र अपने से पहलेवाले वर्ण के पैरों में आ जाता है। जैसे — क्+र्+अ+म्+अ = क्रम।

ट एवं ड के नीचे ‸ इस रूप में र् लिखा जाता है।

र में उ की मात्रा नीचे नहीं बीच में लगती है। जैसे — र्+उ = रु, र्+ऊ = रू।

सोचें, समझें और लिखें

1. वर्णमाला कितने प्रकार के वर्णों से मिलकर बनती है।

   ....

   ....

   ....

2. कवर्ग एवं पवर्ग के वर्णों को लिखिए।

   क ....

   प ....

3. उचित उत्तर से रिक्त स्थान भरिए।

   क) जिनके उच्चारण में कम समय लगता है उन्हें .... स्वर कहा जाता है।

   ख) ह्रस्व स्वर .... हैं।

   ग) जिनके उच्चारण में ह्रस्व स्वर से दुगुना समय लगता है उन्हें .... स्वर कहा जाता है।

   घ) दीर्घ स्वरों की संख्या .... है।

   ङ) अं, अः .... हैं।

4. निम्न शब्दों पर आवश्यकतानुसार अनुनासिक अथवा अनुस्वार का प्रयोग करें।

 आख ....

 हस ....

 हस ....

 गाव ....

 बदर ....

5. नीचे लिखे शब्दों का वर्ण विच्छेद करें।

क) पत्रिका — ....

ख) श्रमिक — ....

ग) विद्यालय — ....

घ) विज्ञान — ....

ङ) रक्षा — ....

6. निम्न वर्णों को जोड़कर शब्द बनाएँ।

श्+अ+र्+म्+अ = ...

इ+न्+द्+र्+अ = ...

व्+इ+श्+व्+आ+स्+अ = ...

प्+अ+र्+इ+श्+र्+अ+म्+अ = ...

3. संज्ञा *(Noun)*

संज्ञा क्या है ?

यदि एक शब्द में कहना हो तो हम कह सकते हैं — 'नाम'। नाम ही संज्ञा है। नाम से ही हम दुनिया की हर वस्तु और व्यक्ति को पहचानते हैं। यहाँ तक कि जिनको हम देख नहीं सकते, छू नहीं सकते, केवल अनुभव कर सकते हैं, महसूस कर सकते हैं, उन्हें भी हम नाम द्वारा ही जानते हैं। इस प्रकार हम कह सकते हैं —

किसी वस्तु, व्यक्ति, प्राणी, स्थान, भाव, अवस्था के नाम को संज्ञा कहते हैं।

वस्तुओं के नाम — खिड़की, मेज़, दीवार, कागज़, पुस्तक, बरतन, घड़ी आदि।
व्यक्तियों के नाम — महात्मा गाँधी, सुभाषचंद्र बोस, अब्दुल कलाम, गंगा आदि।
प्राणियों के नाम — आदमी, जानवर, पक्षी, मछली, कीड़ा, मच्छर आदि।
स्थानों के नाम — भारत, जापान, दिल्ली, हैदराबाद, बगीचा, विद्यालय आदि।
भावों के नाम — प्रेम, घृणा, क्रोध, ईर्ष्या, लालच, तिरस्कार आदि।
अवस्थाओं के नाम — बचपन, जवानी, बुढ़ापा।

संज्ञा के भेद

1. **जातिवाचक संज्ञा** *(Common Noun)*
2. **व्यक्तिवाचक संज्ञा** *(Proper Noun)*
3. **भाववाचक संज्ञा** *(Abstract Noun)*

आप तीसरी और चौथी कक्षाओं में संज्ञा के विषय में और उनके भेदों के विषय में जान चुके हैं। जब एक ही प्रकार की कई वस्तुएँ या व्यक्ति या प्राणी हों तो उन्हें **जातिवाचक संज्ञा** कहते हैं। लेकिन जब किसी नाम से किसी एक विशेष व्यक्ति, स्थान या वस्तु का बोध हो तो उसे **व्यक्तिवाचक संज्ञा** कहते हैं। जैसे जब हम 'बच्चा' कहते हैं तो छोटे, बड़े यानि नन्हें गोदी के बच्चे से लेकर पंद्रह साल तक के बच्चे की छवि

हमारे मस्तिष्क में बन जाती है परंतु जब हम 'रोहन' कहते हैं तो एक विशेष बच्चे की छवि बनती है जिसे हम जानते हैं। इसलिए बच्चा शब्द जातिवाचक संज्ञा हुआ और 'रोहन' व्यक्तिवाचक संज्ञा। इसी प्रकार 'इमारत' कहने से सभी इमारतें याद आती हैं जबकि 'ताजमहल' कहने से केवल एक विशेष इमारत याद आती है जो आगरा में है और जिसे शाहजहाँ ने बनवाया था। इसलिए 'इमारत' शब्द जातिवाचक संज्ञा होगी तथा 'ताजमहल' व्यक्तिवाचक संज्ञा।

विशेष — एक बात समझ लेनी चाहिए कि व्यक्तियों के नाम जैसे 'रोहन' आदि कई बच्चों या व्यक्तियों के हो सकते हैं किंतु जब हम 'रोहन' कहेंगे तो इस नाम के सभी व्यक्तियों के लिए ना कह कर उस विशेष के लिए कहेंगे जिसे हम जानते हैं। इसलिए रोहन चाहे दुनिया में बहुत सारे हों लेकिन जो भी इस नाम का प्रयोग करेगा वह किसी एक रोहन की ही बात करेगा।

भाववाचक संज्ञा — जिन शब्दों से किसी गुण-दोष, स्वभाव, भावना, दशा, अवस्था आदि का बोध हो तो उन नामों को भाववाचक संज्ञा कहते हैं। जैसे — गुण—मिठास, दोष—कड़वाहट, स्वभाव—दया, भावना—प्यार, दशा—घबराहट, अवस्था—बचपन।

विशेष — भाववाचक संज्ञाएँ जातिवाचक संज्ञाओं से जैसे बच्चा से बचपन, विशेषणों से जैसे मीठा से मिठास, सर्वनामों से जैसे अपना से अपनापन, क्रियाओं से जैसे चलना से चाल भी बनती है। बस एक बात ध्यान में रखनी चाहिए कि 'नाम को संज्ञा कहते हैं' वह नाम चाहे किसी का भी हो।

निम्नलिखित वाक्य देखें —

1. मेज़ पर किताब रखी थी। 2. संगीता ने उसे देखा पर पढ़ा नहीं। 3. भारत में अनेक नदियाँ हैं। 4. गंगा को सबसे पवित्र माना जाता है। 5. बुढ़ापे में बचपन बहुत याद आता है। 6. रसगुल्ले की मिठास अभी तक मेरी जुबान पर है। 7. पहाड़ की चढ़ाई बहुत सीधी है।

अब उपर्युक्त वाक्यों में आए संज्ञा शब्दों के भेद देखें—

व्यक्तिवाचक संज्ञा	जातिवाचक संज्ञा	भाववाचक संज्ञा
संगीता भारत गंगा	मेज़ किताब नदियाँ रसगुल्ले ज़ुबान पहाड़	बुढ़ापा बचपन मिठास चढ़ाई

सोचें, समझें और लिखें

1. सही कथन के सामने (✓) का तथा गलत के सामने (×) का चिह्न लगाएँ।
   - क) किसी विशेष व्यक्ति के नाम को व्यक्तिवाचक संज्ञा कहते हैं। ( )
   - ख) किसी गुण-दोष को जातिवाचक संज्ञा कहते हैं। ( )
   - ग) संज्ञा के दो भेद होते हैं। ( )
   - घ) 'गरीबी' भाववाचक संज्ञा शब्द है। ( )
   - ङ) 'सूरज' जातिवाचक संज्ञा शब्द है। ( )
2. निम्नलिखित वाक्यों में से संज्ञा शब्द छाँटकर उनका भेद लिखें।
   - क) यह सूरज, चाँद, तारे, नदियाँ, पहाड़, पशु, पक्षी, फूल, सब भगवान ने बनाए हैं।
   - ख) अमरूद से ज़्यादा आम में मिठास होती है।
   - ग) प्रेमचंद का लिखा उपन्यास गोदान बहुत प्रसिद्ध है।
   - घ) बादलों की कालिमा से अंधकार छा गया है।
   - ङ) मीराबाई श्री कृष्ण की भक्त थीं।

जातिवाचक	भाववाचक	व्यक्तिवाचक
....	....	....
....	....	....
....	....	....
....	....	....
....	....	....
....	....	....
....	....	....
....	....	....
....	....	....
....	....	....
....	....	....

3. कोई पाँच संज्ञा शब्द लिखो जो आपके रसोईघर में हों।

क) .... ख) .... ग) ....

घ) .... ङ) ....

4. अपनी कक्षा से संबंधित कोई पाँच संज्ञा शब्द लिखें।

क) .... ख) .... ग) ....

घ) .... ङ) ....

5. किन्हीं पाँच मित्रों के नाम लिखें।

क) .... ख) .... ग) ....

घ) .... ङ) ....

6. किन्हीं पाँच स्थानों के नाम लिखें जहाँ आप जा चुके हैं।

क) .... ख) .... ग) ....

घ) .... ङ) ....

7. रिक्त वर्गों में सही अक्षर भरें जिससे संज्ञा शब्द बन जाएँ।

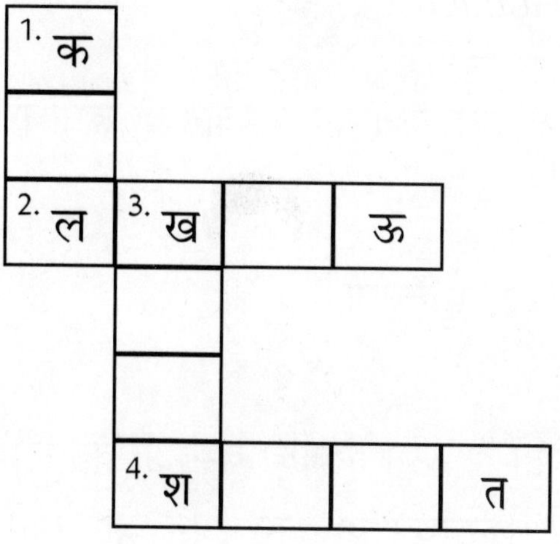

1. एक फूल (↓)
2. एक प्रदेश की राजधानी (→)
3. एक सफ़ेद रंग का छोटा जानवर (↓)
4. एक क्रिया जो बच्चे करते हैं। (→)

8. रिक्त स्थानों में उपयुक्त संज्ञा शब्द लिखें।

क) .... नदी .... से निकलती है। (*व्यक्तिवाचक संज्ञाएँ*)

ख) सबसे .... करो .... नहीं। (*भाववाचक संज्ञाएँ*)

ग) .... पर .... लगे हैं। (*जातिवाचक संज्ञाएँ*)

4. लिंग *(Gender)*

लिंग का अर्थ होता है पहचान। हिंदी में हर संज्ञा शब्द की पहचान दो रूपों में होती है—

1. स्त्रीलिंग

2. पुल्लिंग

प्राणियों में तो लिंग की पहचान आसान होती है किंतु निर्जीव वस्तुओं का लिंग हमें सीखना होता है। जैसे लड़की स्त्रीलिंग है और लड़का पुल्लिंग, यह जानने में कोई कठिनाई नहीं लेकिन आँख स्त्रीलिंग है और हाथ पुल्लिंग यह सीखना होता है। आपने पिछली कक्षाओं में लिंग-परिवर्तन सीखा है। आइए उसे दोहराएँ और लिंग संबंधी नई जानकारियाँ भी प्राप्त करें।

स्त्रीलिंग	पुल्लिंग	स्त्रीलिंग	पुल्लिंग
बालिका	बालक	मोरनी	मोर
स्त्री	पुरुष	चुहिया	चूहा
लड़की	लड़का	बिल्ली	बिलाव
रानी	राजा	कुतिया	कुत्ता
बच्ची	बच्चा	चिड़िया	चिड़ा
छात्रा	छात्र	हिरनी	हिरन
अध्यापिका	अध्यापक	बंदरिया	बंदर
बेटी	बेटा	गाय	बैल
सेठानी	सेठ	ऊँटनी	ऊँट
मामी	मामा	घोड़ी	घोड़ा
नानी	नाना	हथिनी	हाथी
चाची	चाचा	भैंस	भैंसा

स्त्रीलिंग	पुल्लिंग	स्त्रीलिंग	पुल्लिंग
पोती	पोता	बकरी	बकरा
मौसी	मौसा	बाघिन	बाघ
बुआ	फूफा	शेरनी	शेर
धेवती	धेवता	सिंहनी	सिंह
गायिका	गायक	मुर्गी	मुर्गा
कवयित्री	कवि	महोदया	महोदय
लेखिका	लेखक	श्रीमती	श्रीमान
नायिका	नायक	पूज्या	पूज्य
अध्यक्षा	अध्यक्ष	भवदीया	भवदीय
पत्नी	पति	भगवती	भगवान

विशेष

क) कुछ प्राणिवाचक शब्द ऐसे हैं जिन्हें सदा एक ही लिंग में प्रयुक्त किया जाता है। ऐसे शब्द **नित्य पुल्लिंग** और **नित्य स्त्रीलिंग** कहे जाते हैं। यदि वे पुल्लिंग हैं तो उनका लिंग बदलने के लिए शब्द से पूर्व 'मादा' और यदि वे स्त्रीलिंग हैं तो 'नर' शब्दों का प्रयोग किया जाता है।

नित्य स्त्रीलिंग	पुल्लिंग रूप	नित्य पुल्लिंग	स्त्रीलिंग
मछली	नर मछली	तोता	मादा तोता
तितली	नर तितली	खरगोश	मादा खरगोश
कोयल	नर कोयल	चीता	मादा चीता
मक्खी	नर मक्खी	कछुआ	मादा कछुआ
मकड़ी	नर मकड़ी	भालू	मादा भालू
छिपकली	नर छिपकली	मच्छर	मादा मच्छर
गिलहरी	नर गिलहरी	खटमल	मादा खटमल

ख) निर्जीव वस्तुएँ

स्त्रीलिंग	पुल्लिग
हवा	सूरज
आग	चाँद
कुरसी	पहाड़
मेज़	तारा
अलमारी	अखबार
मिठाई	दही
छत	कमरा
पुस्तक	नमक

अन्य वस्तुएँ

स्त्रीलिंग	पुल्लिग
टहनी	फूल
बेल	पेड़
कक्षा	खेल
अहिंसा	चक्कर
घबराहट	देश
राजधानी	शहर
भाषा	प्रांत
बात	नक्शा

ग) हिंदी भाषा में संज्ञा या सर्वनाम के लिंग के अनुसार क्रिया का रूप बदलते हैं। जैसे बच्चा सोता है। बच्ची सोती है।

सोचें, समझें और लिखें

1. रिक्त स्थानों में सही लिंग वाला शब्द चुनकर लिखें।
   i) आज मेरी .... की शादी है। (भाई/बहन)
   ii) .... बाहर गए हैं। (पिताजी/माताजी)
   iii) .... मेघ देखकर नाचता है। (मोरनी/मोर)
   iv) कालिदास महान .... थे। (लेखक/लेखिका)
   v) महादेवी वर्मा हिंदी की प्रसिद्ध .... हैं। (कवि/कवयित्री)
   vi) मैत्रेयी अत्यंत .... थी। (विदुषी/विद्वान)

2. शब्दों को पहचानकर सही तालिका में लिखें।

   सूरज, फूल, तारे, तितली, पंख, बादल, हवा, दवा, आँख, हाथ, जीभ, बात, शादी, जन्म-दिन, दही, सब्ज़ी, दाल, माला, बाल, कमल, आशा, जोश।

स्त्रीलिंग	पुल्लिंग	स्त्रीलिंग	पुल्लिंग
....	....	....	....
....	....	....	....
....	....	....	....
....	....	....	....
....	....	....	....

3. निम्नलिखित वाक्यों का लिंग बदलकर पुनः लिखें।

   i) अध्यापक ने हमें नया पाठ पढ़ाया।

   ii) हमारे पड़ोसी बहुत लड़ते हैं।

   iii) मेरे पिताजी नौकरी करते हैं।

   iv) श्रीमान जी, आप खड़े ना रहें, बैठ जाएँ।

   v) सम्राज्ञी बहुत दयालु थी।

4. बिखरे हुए फूलों के सही जोड़े बनाओ।

युवक, सास, मालिन, नाईन, चूहा, ससुर, नायिका, माली, सहपाठी, स्वामिनी, वृद्धा, धोबी, चुहिया, सहपाठिन, धोबिन, युवती, नाई, नायक, वृद्ध, स्वामी

1.	1. ....
2.	2. ....
3.	3. ....
4.	4. ....
5.	5. ....

5. वचन *(Number)*

शब्द के जिस रूप से उसकी संख्या का बोध होता है उसे वचन कहते हैं।

हिंदी में वचन दो प्रकार के होते हैं—

1. एकवचन *(Singular)* 2. बहुवचन *(Plural)*

एकवचन — शब्द के जिस रूप से एक व्यक्ति या वस्तु का बोध हो उसे एकवचन कहते हैं। जैसे — बच्चा, माला, घोड़ा, नदी, स्त्री, दवाई।

बहुवचन — शब्द के जिस रूप से एक से अधिक व्यक्तियों या वस्तुओं का बोध हो उसे बहुवचन कहते हैं। जैसे — बच्चे, मालाएँ, घोड़े, नदियाँ, स्त्रियाँ, दवाइयाँ।

वचन संबंधी कुछ जानने योग्य बातें —

क. वचन बदलते समय कभी संज्ञा का रूप बदल जाता है तो कभी नहीं बदलता। जैसे — 'बच्चा' का बहुवचन 'बच्चे' में रूप बदला किंतु 'फूल' चाहे एक हो या कई हों हम 'फूल' ही कहते हैं। जैसे — फूल खिला है, फूल खिले हैं।

ख. जहाँ वचन की पहचान संज्ञा से नहीं हो वहाँ क्रिया से हो जाती है।

ग. कुछ शब्द सदैव बहुवचन में प्रयोग किए जाते हैं। जैसे — आँसू, दर्शन, केश, होश, हस्ताक्षर, प्राण आदि।

घ. कुछ शब्द सदैव एकवचन में प्रयोग किए जाते हैं। जैसे — दूध, पानी/जल, आसमान, बारिश, सहायता आदि।

ङ. व्यक्तिवाचक संज्ञा तथा भाववाचक संज्ञा सदा एकवचन में प्रयुक्त होते हैं।

च. जातिवाचक संज्ञाएँ दोनों वचनों में प्रयोग की जाती हैं। किंतु धातुओं के नाम सदा एकवचन में प्रयुक्त होते हैं। जैसे —

i) सोना मँहगा हो गया।

ii) पीतल सस्ता होता है।

छ. सम्मान देने के लिए हम एकवचन के लिए भी बहुवचन का प्रयोग करते हैं। जैसे —

i) पिता जी आए हैं।

ii) डॉ. राजेन्द्र प्रसाद भारत के प्रथम राष्ट्रपति थे।

ज. प्राय: 'तू' एकवचन के लिए और 'तुम' बहुवचन के लिए प्रयोग किया जाता है। किंतु व्यवहार में 'तुम' दोनों वचनों में प्रयुक्त किया जाता है। जैसे —

i) सागर, तुम कब आए?

ii) विशाल, तुम बैठ जाओ।

झ. सेना, वर्ग, दल, जनता, जाति जैसे शब्द भी एकवचन में ही प्रयोग किए जाते हैं।

आपने पिछली कक्षाओं में भी वचन बदलना सीखा है। यहाँ हम उन्हें भी दोहराएँगे और नए शब्द भी सीखेंगे।

1. जो स्त्रीलिंग शब्द 'अ' से समाप्त होते हैं उनको बहुवचन में बदलते समय 'अ' के स्थान पर एं का प्रयोग किया जाता है।

एकवचन	**बहुवचन**	**एकवचन**	**बहुवचन**
पुस्तक	पुस्तकें	मेज़	मेजें
बहन	बहनें	बात	बातें
बंदूक	बंदूकें	तलवार	तलवारें
रात	रातें	सड़क	सड़कें

2. अकारांत पुल्लिग शब्दों को बहुवचन में बदलने के लिए 'आ' के स्थान पर 'ए' हो जाता है।

एकवचन	**बहुवचन**	**एकवचन**	**बहुवचन**
घोड़ा	घोड़े	केला	केले
पंखा	पंखे	पत्ता	पत्ते
बच्चा	बच्चे	कुत्ता	कुत्ते

3. अकारांत स्त्रीलिंग शब्दों को बहुवचन में बदलते समय 'आ' के स्थान पर 'एँ' हो जाता है।

एकवचन	**बहुवचन**	**एकवचन**	**बहुवचन**
कन्या	कन्याएँ	माता	माताएँ
महिला	महिलाएँ	कथा	कथाएँ
माला	मालाएँ	गायिका	गायिकाएँ

4. 'या' से समाप्त होने वाले स्त्रीलिंग शब्दों के अंत में अनुनासिक (ँ) लग जाता है।

एकवचन	**बहुवचन**	**एकवचन**	**बहुवचन**
गुड़िया	गुड़ियाँ	बिटिया	बिटियाँ
डिबिया	डिबियाँ	चिड़िया	चिड़ियाँ
चुहिया	चुहियाँ	डलिया	डलियाँ

कुछ अन्य शब्दों के वचन परिवर्तन

एकवचन	**बहुवचन**	**एकवचन**	**बहुवचन**
ऋतु	ऋतुएँ	वस्तु	वस्तुएँ
बहू	बहुएँ	तिथि	तिथियाँ
गौ	गौएँ	रुपया	रुपए/रुपये
गाय	गायें	मछली	मछलियाँ
स्त्री	स्त्रियाँ	मिठाई	मिठाइयाँ
दवाई	दवाइयाँ	लड़की	लड़कियाँ
जाति	जातियाँ	अध्यापिका	अध्यापिकाएँ
शक्ति	शक्तियाँ	खिड़की	खिड़कियाँ
मैं	हम	यह	ये

विशेष : वचन परिवर्तन में कुछ शब्दों के रूप में परिवर्तन आता है। जैसा कि हमने अभी तक के उदाहरणों में देखा। किंतु कुछ शब्द एकवचन बहुवचन दोनों में एक जैसे रहते हैं या उनके साथ एक और समुदाय-सूचक शब्द जोड़कर उनका बहुवचन बनाया जाता है।

जैसे—

एकवचन	बहुवचन	एकवचन	बहुवचन
पक्षी	पक्षीवृंद	आप	आप लोग
गुरु	गुरुजन	गरीब	गरीब लोग
मित्र	मित्रजन/मित्रगण	अध्यापक	अध्यापकगण
विद्यार्थी	विद्यार्थीगण		

सोचें, समझें और लिखें

1. वचन बदलें—

सेना	....	मिठाई	....	गौ	....
मालाएँ	....	अध्यापक	....	पतंग	....
बच्चा	....	रात	....	दासी	....
पक्षी	....	दवाइयाँ	....	माता	....
कुत्ता	....	गुरु	....	कथा	....
तितलियाँ	....	कौआ	....	कपड़ा	....
रीति	....	कली	....	कीड़ा	....

2. ऐसे चार शब्द लिखें जिनका रूप दोनों वचनों में समान रहता है। जैसे — फूल।

क) .... ख) ....

ग) .... घ) ....

3. निम्नलिखित वाक्यों को वचन बदलकर लिखें।

क) कविता की यह पंक्ति बहुत सुंदर है।

....

ख) रोगी को दवा दो।

....

ग) स्त्री कुएँ से पानी भर रही है।

....

घ) मैं नदी में स्नान करना पसंद करती हूँ।

....

ङ) उसे पुस्तक पढ़ना अच्छा लगता है।

....

4. रिक्त स्थानों में वचन का सही रूप भरें।

क) .... कमरे छोटे हैं। (यह)

ख) .... को अलमारी में सजा दो। (पुस्तक)

ग) आपकी कितनी .... हैं? (बहन)

घ) मुझे .... पकड़ना नहीं आता। (मछली)

ङ) हमें .... का आदर करना चाहिए। (अध्यापिका)

6. कारक *(Case)*

संज्ञा या सर्वनाम के जिस रूप से वाक्य के अन्य शब्दों से उसका संबंध ज्ञात हो, उन्हें कारक कहा जाता है।

वाक्य में यूँ तो हर शब्द दूसरे शब्द से संबंध रखता है किंतु संज्ञा या सर्वनाम वाक्य के अन्य शब्दों से जब संबंध जोड़ते हैं तो उनके रूप में बदलाव आ जाता है या उनमें शब्दांश जुड़ जाता है। जिस प्रकार का संबंध होता है वह कारक का प्रकार कहा जाता है तथा जो शब्दांश जुड़ता है उसे विभक्ति, परसर्ग या कारक-चिह्न कहा जाता है। कारक आठ प्रकार के होते हैं। आइए उन सबके नाम तथा उनकी विभक्तियाँ व प्रयोग जानें।

	कारक	विभक्ति/परसर्ग	प्रयोग
1.	कर्ता	'ने' या कोई चिह्न नहीं	• **बंदरों ने** केले छीन लिए। • **बंदर** केला खा गया।
2.	कर्म	को या कोई चिह्न नहीं	• गीतांजलि ने **पुस्तक** पढ़ी। • गीता **पुस्तकों को** संभाल कर रखती है।
3.	करण	से या के द्वारा	• दीप्ती **पैंसिल से** लिखती है।
4.	संप्रदान	को, के लिए	• **भिखारी को** रोटी दो। • यह कमरा **पिता जी के लिए** बनवाया था।
5.	अपादान	से	• वह **घर से** चल पड़ा है। • मुझे **साँप से** डर लगता है। • शोभा **तरुण से** लंबी है। • आप **कहाँ से** आए हैं?

	कारक	विभक्ति/परसर्ग	प्रयोग
6.	संबंध	का, के, की, रा, रे, री	● **माँ की** चप्पल टूट गई है। ● **आपका** घर कहाँ है? ● मैं **दीपा के** घर जाऊँगी। ● **तुम्हारी** दीदी बहुत प्यारी है। ● **मेरे** पास फ़ालतू समय नहीं है। ● **मेरा** जूता काट रहा है।
7.	अधिकरण	में, पर	● **थैले में** सब्ज़ी रखी है। ● **छत पर** मत कूदो।
8.	संबोधन	हे, अरे, ओ	● **अरे**! मेरी बात तो सुनते जाओ। ● ओ! इधर आकर बैठ। ● हे! क्या सुनाई नहीं दिया तुम्हें?

कारक संबंधी कुछ जानने योग्य बातें

1. आठ कारकों में से मात्र दो कारक कर्ता एवं कर्म ऐसे होते हैं जिनमें कभी परसर्ग लगता है और कभी नहीं लगता। शेष सभी में परसर्ग लगता है।
2. करण एवं अपादान दोनों में 'से' परसर्ग लगता है। अंतर जानने का सरल तरीका है—से के स्थान पर 'के द्‌वारा' लगा कर देख लें यदि वह ठीक लग रहा है तो करण अन्यथा अपादान कारक है। जैसे वह बस से घर जाता है। इस वाक्य में बस से के स्थान पर यदि हम के द्‌वारा लगाएँ यानि वह बस द्‌वारा घर जाता है। तब भी वाक्य ठीक लग रहा है इसलिए इसमें करण कारक है। अपादान कारक से दूरी, तुलना, भय का बोध होता है।
3. का, के, की संबंध कारक में संज्ञा शब्दों तथा आप सर्वनाम के साथ लगाते हैं जबकि रा, रे, री अन्य सर्वनामों के साथ लगते हैं।
4. कारक लगने से कभी-कभी संज्ञा व सर्वनाम शब्दों में विकार या बदलाव भी आता है। जैसे बच्चे ने दरवाज़ा खोला। इस वाक्य में 'बच्चा' शब्द 'बच्चे' हो गया।

कारकों की पहचान

1. **कर्ता** — क्रिया को करनेवाला कर्ता होता है। जैसे — राम ने गेंद फैंकी। इस वाक्य में गेंद फैंकने का कार्य राम कर रहा है, इसलिए 'राम' कर्ता है।

2. **कर्म** — क्रिया के कार्य का फल या प्रभाव जिस पर पड़े वह कर्म होता है। जैसे — राम ने गेंद फैंकी। इस वाक्य में फैंकना क्रिया का प्रभाव या फल गेंद पर पड़ रहा है, इसलिए 'गेंद' कर्म है।

3. **करण** — किसी कार्य को करने का जो साधन हो, माध्यम हो वह करण होता है। जैसे — सिपाही ने चोर को डंडे से पीटा। इस वाक्य में पीटने की क्रिया का साधन 'डंडा' है, इसलिए 'डंडे से' में करण कारक है।

4. **संप्रदान** — जिसके लिए या जिसके कारण कोई कार्य किया जाए, वहाँ संप्रदान कारक होता है। जैसे — मैंने माँ के लिए खाना बनाया। इस वाक्य में मैंने खाना बनाने का कार्य माँ के लिए किया, इसलिए इसमें संप्रदान कारक है।

5. **अपादान** — जैसा कि पहले ही स्पष्ट कर दिया गया है जब एक वस्तु दूसरी से अलग हो, दूर हो या उससे डर हो या तुलना हो, तब वहाँ अपादान कारक होता है। जैसे — फल पेड़ से टपक पड़ा। इस वाक्य में फल पेड़ से अलग हुआ इसलिए इसमें अपादान है।

6. **संबंध** — जिस रूप से किसी वस्तु का दूसरी वस्तु या व्यक्ति से संबंध पता चले, वहाँ संबंध कारक होता है। जैसे — मेरा भाई बहुत चतुर है। इस वाक्य में मेरा शब्द भाई से संबंध बता रहा है, इसलिए इसमें संबंध है।

7. **अधिकरण** — जिस रूप से स्थान या आधार का बोध हो वहाँ अधिकरण कारक होता है। जैसे — दीवार पर घड़ी लगी है। घड़ी का आधार या स्थान इस वाक्य में दीवार है, इसलिए इसमें अधिकरण कारक है।

8. **संबोधन** — जब किसी को संबोधित किया जाए, पुकारा जाए तब जिन शब्दों का प्रयोग होगा वे संबोधन कहलाते हैं। जैसे — अरे बेटी, इधर बैठो। इस वाक्य में बेटी

को संबोधित करके बैठने के लिए कहा जा रहा है, इसलिए इसमें संबोधन कारक होगा।

विशेष : सर्वनामों के साथ कारकों का प्रयोग करने से उनके रूपों में बहुत परिवर्तन आता है। जैसे — 'मैं' सर्वनाम को यदि करण कारक में लिखना हो तो वह हो जाएगा 'मुझ से', संप्रदान में 'मेरे लिए', अधिकरण में 'मुझमें, मुझ पर'। इसलिए सभी सर्वनाम शब्दों को विभिन्न कारकों में प्रयुक्त करके अवश्य देखें।

कारक	विभक्ति	एकवचन (वह)	बहुवचन (वे)
कर्ता	ने	उसने	उन्होंने
कर्म	को	उसे	उन्हें
करण	से	उससे	उनसे
संप्रदान	के लिए	उसके लिए	उनके लिए
अपादान	से	उससे	उनसे
संबंध	को, के, की, रा, रे, री	उसका, उसके, उसकी	उनका, उनके, उनकी
अधिकरण	में, पर	उसमें, उस पर	उनमें, उन पर

सोचें, समझें और लिखें

1. निम्नलिखित वाक्यों में रेखांकित शब्दों के कारक कोष्ठक में लिखें।

   क) गाय का दूध लाभकारी होता है। (.......................)

   ख) मुझसे कह कर जाया करो। (.......................)

   ग) ये फल आपके लिए लाया हूँ। (.......................)

   घ) मेरी किताब वापस दे दो। (.......................)

   ङ) मुझे भी तो बात बताओ। (.......................)

2. नीचे लिखे वाक्यों में उचित कारक चिह्न लगा कर पुनः लिखें।

क) राजा आज्ञा पालन करो।

....

ख) पेड़ चिड़िया बैठी है।

....

ग) बच्चा बिल्ली डरता है।

....

घ) वैष्णवी सारे खिलौने तोड़ दिए।

....

ङ) पिता जी यह किताब बेटे लाए हैं।

....

3. नीचे लिखे शब्दों के सामने रिक्त स्थानों में उनके कारक का नाम लिखें और उनसे एक वाक्य बनाएँ।

शब्द	**कारक का नाम**	**वाक्य-रचना**
क) मधु को	....	....
		....
ख) माँ के लिए	....	....
		....
ग) पेड़ पर	....	....
		....
घ) मुझसे	....	....
		....
ङ) तुम्हारा	....	....
		....

4. नीचे लिखे वाक्यों में कारक-संबंधी गलतियाँ ठीक करके पुनः लिखें।

क) मेरे माताजी आ गई हैं।

....

ख) तुमका ध्यान कहाँ है ?

....

ग) डाल में पक्षी के घोंसला है।

....

घ) मुझको तुममें विश्वास नहीं है।

....

ङ) ये किताबें बच्चों को हैं।

....

7. सर्वनाम *(Pronoun)*

नाम के बदले में प्रयुक्त शब्द सर्वनाम कहलाता है। जब हम किसी वाक्य में बार-बार नाम का प्रयोग करते हैं तो वाक्य अटपटा-सा लगता है। उसकी सुंदरता नष्ट हो जाती है। साहिल का दिमाग कम्प्यूटर की तरह तेज है। साहिल सभी समस्याओं का समाधान आसानी से कर लेता है। साहिल के अध्यापक एवं अध्यापिकाएँ साहिल को बहुत प्यार करते हैं। उपर्युक्त पंक्तियों में बार-बार साहिल शब्द का प्रयोग न करके यदि हम दूसरी बार साहिल के स्थान पर वह, उसके, उसे शब्द का प्रयोग करें तो वाक्य की सुंदरता एवं प्रभाव बढ़ जाएगा। वाक्य इस प्रकार होगा—साहिल का दिमाग कंप्यूटर की तरह तेज़ है। वह सभी समस्याओं का समाधान आसानी से कर लेता है। उसके अध्यापक एवं अध्यापिकाएँ उसे बहुत प्यार करते हैं। वह, उसके, उसे, जो हम साहिल के स्थान पर प्रयुक्त कर रहे हैं सर्वनाम कहा जाता है।

अतः संज्ञा के स्थान पर प्रयुक्त होनेवाले शब्द सर्वनाम कहलाते हैं। वह, वे, तुम, हम, यह, वह, हमारा, तुम्हारा, उसका, उसे आदि सर्वनाम के उदाहरण हैं। सर्वनाम छः प्रकार का होता है।

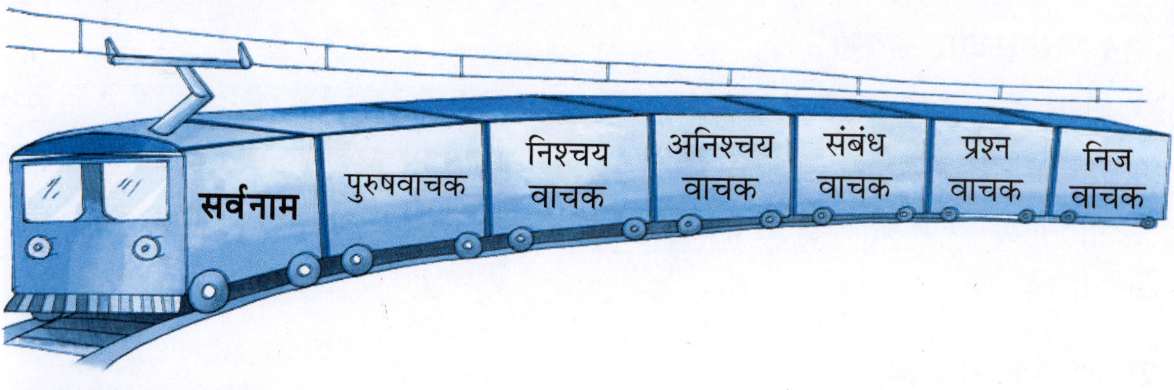

पुरुषवाचक सर्वनाम

वार्तालाप करते समय तीन व्यक्ति विषय बनते हैं — एक वार्तालाप करनेवाला जो अपने आपको 'मैं' कह कर संबोधित करता है। दूसरा उसके सामने खड़ा व्यक्ति जिसे वह 'तुम' कहकर संबोधित करता है। तीसरा वह व्यक्ति जिसके विषय में वह बात कर

रहा है। जिसे 'वह' कहकर संबोधित कर रहा है। जैसे — **मैं** बगीचे में खेलने जा रहा हूँ। **तुम** भी चलो। रोहन भी आने वाला था किंतु **वह** नहीं आया। ये तीनों — मैं, तुम और वह, पुरुष का बोध कराने के कारण पुरुषवाचक सर्वनाम के अंतर्गत आते हैं।

निश्चयवाचक सर्वनाम

यह मेरा बगीचा है। **वह** राम की पुस्तक है। यहाँ पर **यह** और **वह** शब्द किसी निश्चित वस्तु के विषय में संकेत कर रहे हैं। अतः निश्चयवाचक सर्वनाम के उदाहरण हैं। यह, ये, इन्हें पास की वस्तुओं के लिए प्रयुक्त होते हैं। वह, वे, उन्हें दूर की वस्तुओं के लिए प्रयुक्त होते हैं।

मेरे मित्र का घर **यह** नहीं है **वह** है।

यह वही पुस्तक है जो मैंने कल दी थी।

अनिश्चयवाचक सर्वनाम

जिस सर्वनाम शब्द के द्वारा किसी निश्चित व्यक्ति अथवा वस्तु का बोध न हो उसे अनिश्चयवाचक सर्वनाम कहते हैं। जैसे — मेरी आँख में कुछ गिर गया है, कोई आ रहा है आदि। यहाँ कुछ और कोई निश्चित वस्तु का बोध नहीं कराते। अतः अनिश्चयवाचक सर्वनाम के उदाहरण हैं।

प्रश्नवाचक सर्वनाम

तुम क्या पढ़ोगे ? बाहर कौन आया है ? यह किसका घर है ? किसे दिल्ली जाना है ?

उपर्युक्त वाक्यों में क्या, कौन, किसका, किसे शब्दों से प्रश्न का बोध हो रहा है। अतः ये प्रश्नवाचक सर्वनाम के उदाहरण हैं।

जिन सर्वनाम शब्दों से प्रश्न का बोध हो उन्हें प्रश्नवाचक सर्वनाम कहा जाता है।

संबंधवाचक सर्वनाम

1. **जो** कक्षा में आया था, **वह** मेरा भाई है।
2. **जैसा** करोगे, **वैसा** भरोगे।
3. **जिसे** भी देखता हूँ, **वही** काम में लगा है।
4. **जिसने** आलस्य किया, **वही** असफल हुआ।

उपर्युक्त उदाहरणों में जो, वह, जैसा, वैसा, जिसे, वही, जिसने, वही आदि सर्वनाम शब्द दो वाक्यखंडों को जोड़ने का कार्य कर रहे हैं। जिनका आपस में संबंध है। इसलिए इन्हें संबंधवाचक सर्वनाम कहा जाता है।

निजवाचक सर्वनाम

निज का अर्थ होता है **अपना**। जो सर्वनाम शब्द अपने लिए प्रयुक्त किए जाते हैं उन्हें निजवाचक सर्वनाम कहते हैं। जैसे — वह अपना काम **स्वयं** करता है। **अपने-आप** विद्यालय जाओ।

सोचें, समझें और लिखें

1. निम्नलिखित वाक्यों में आए सर्वनाम को रेखांकित करें।
   लेखन प्रतियोगिता में ईशा को प्रथम पुरस्कार मिला। उसकी लिखाई बहुत सुंदर है। वह हर रोज़ इसका अभ्यास करती है। उसके माता-पिता अपनी पुत्री पर गर्व करते हैं। वह कुछ करने से पहले खुद सोचती है। उसके अनुसार जो जैसा करता है, उसे वैसा फल मिलता है। हमें और तुम्हें भी उससे सीख लेनी चाहिए।

2. रिक्त स्थानों में सर्वनाम का सही रूप भरें।
   क) .... कब बाज़ार जाओगे।
   ख) यह नहीं .... पुस्तक मेरी है।
   ग) .... समय पर नहीं पहुँचा?
   घ) आँख में .... पड़ा है।
   ङ) मैं .... चला जाऊँगा।

3. नीचे लिखे वाक्यों में आए सर्वनामों को शुद्ध करके लिखें।

क) मेरे को कुछ नहीं चाहिए।

....

ख) हम तुमको वहाँ देखे थे।

....

घ) मैं तुमसे कहा था।

....

ङ) तेरे को आज बाज़ार जाना है।

....

च) तुम तुम्हारा काम करो।

....

छ) हम उसके पास से आ रहा हूँ।

....

ज) वह परीक्षा में सफलता मिली।

....

8. विशेषण *(Adjective)*

उपर्युक्त चित्र को ध्यान से देखें और बताएँ—

यहाँ किस रंग के फूल हैं ?	लाल, पीले
पौधे किस आकार के हैं ?	छोटे, बड़े
क्यारियाँ कैसी हैं ?	ऊँची-नीची
बच्चे कैसे हैं ?	शरारती
बादलों का रंग कैसा है ?	काला
फलों का स्वाद कैसा है ?	मीठा
माली कैसा है ?	मोटा

उपर्युक्त प्रश्न एवं उत्तर से यह स्पष्ट हो रहा है कि प्रत्येक उत्तर रेखांकित संज्ञा शब्दों के विषय में विशेष जानकारी दे रहा है। कोई रंग बता रहा है, कोई आकार, कोई स्वाद, कोई स्वभाव अतः हम कह सकते हैं कि संज्ञा के रूप, रंग, गुण, दोष, आकार, प्रकार, मात्रा, संख्या, परिमाण आदि विशेषता बतानेवाले शब्द विशेषण कहे जाते हैं।

सर्वनाम संज्ञा के स्थान पर प्रयुक्त होते हैं अतः विशेषण सर्वनाम की भी विशेषता बताते हैं। जैसे — स्निग्धा अच्छी लड़की है। वह बहुत परिश्रमी है। यहाँ **परिश्रमी** शब्द **वह** सर्वनाम की विशेषता बता रहा है। अतः **संज्ञा और सर्वनाम की विशेषता बतानेवाले शब्द विशेषण कहलाते हैं।**

विशेषण कहने पर दो चीज़ें सामने आती हैं। एक वह जिसकी विशेषता बताई जा रही है अर्थात् संज्ञा या सर्वनाम शब्द। इसे **विशेष्य** कहा जाता है।

दूसरे वे जो विशेषता वाचक हैं। जैसे — बड़ा, छोटा, अच्छा, बुरा, काला, पीला, हरा, मीठा आदि इन्हें **विशेषण** कहा जाता है।

इन विशेषणों का प्रयोग अधिकतर संज्ञा या सर्वनाम से पहले होता है। जैसे — काला घोड़ा, अच्छी लड़की आदि। किंतु कभी-कभी इन विशेषणों का प्रयोग संज्ञा या सर्वनाम अर्थात् विशेष्य के बाद भी होता है। जैसे — लड़की **सुंदर** है। विशेषण का लिंग और वचन विशेष्य के अनुसार ही होता है। जैसे **अच्छे** लड़के, **अच्छी** लड़की।

अनेक प्रकार की विशेषताएँ बताने के कारण विशेषण को चार भागों में बाँटा गया है।

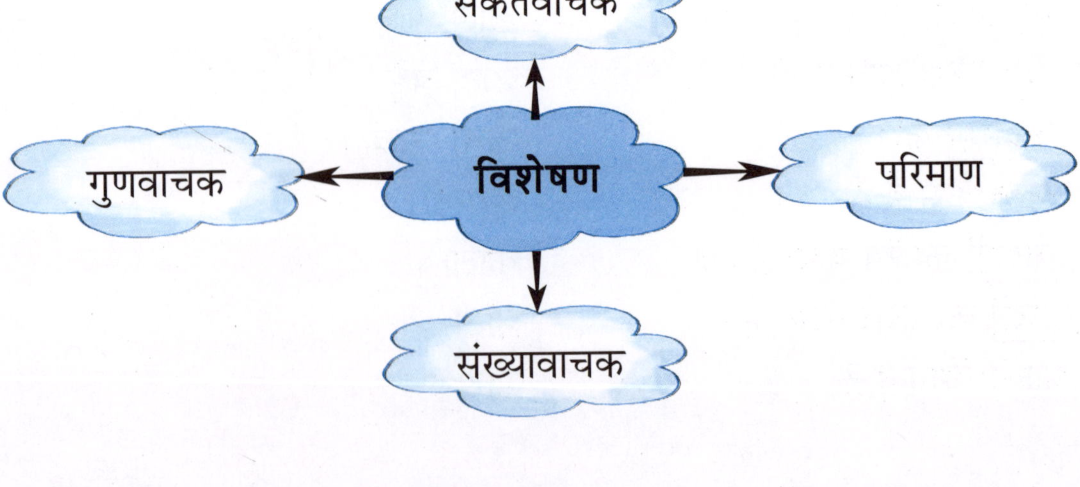

गुणवाचक विशेषण

जो शब्द किसी व्यक्ति या वस्तु के गुण, दोष, स्वाद, आकार, प्रकार संबंधित कोई विशेषता बताए उसे **गुणवाचक विशेषण** कहते हैं। जैसे — **सुंदर** लड़की, **मोटा** आदमी, **मीठा** आम, **रंगबिरंगे** फूल, **ईमानदार** व्यक्ति, **नीला** आकाश।

[विशेष्य के साथ कैसा, कैसी, कैसे लगाकर प्रश्न करने पर जो उत्तर आता है उसे गुणवाचक विशेषण कहा जाता है — कैसा आम = मीठा, कैसा व्यक्ति - ईमानदार।]

संख्यावाचक विशेषण

जो शब्द किसी वस्तु की संख्या का बोध कराए उसे **संख्यावाचक विशेषण** कहते हैं। संख्या निश्चित भी हो सकती है, अनिश्चित भी। जैसे — **चार** लड़के, **पहली** कक्षा, **प्रथम** स्थान, **कुछ** लड़के, **सभी** घर आदि।

परिमाणवाचक विशेषण

जो शब्द संज्ञा या सर्वनाम के माप-तौल के बारे में बताते हैं उन्हें **परिमाणवाचक विशेषण** कहते हैं। जैसे — एक किलो चीनी, दो मीटर कपड़ा आदि। संख्या की भांति परिमाण भी निश्चित एवं अनिश्चित हो सकता है। जैसे — कुछ मिठाई, थोड़ा पानी, चार लीटर दूध आदि।

कुछ ध्यान देने योग्य बातें

परिमाणवाचक एवं संख्यावाचक विशेषणों की पहचान करने के लिए यह आवश्यक है कि हम जानें कि यह वस्तु गिनी जा सकती है कि केवल नाप-तौल हो सकती है। जैसे — कई लड़के, चार घर। इन वस्तुओं को गिना जाता है तौला नहीं जाता अत: ये संख्यावाचक विशेषण के उदाहरण हैं। एक मीटर कपड़ा, चार किलो आलू यद्यपि संख्या बता रहे हैं किंतु वास्तव में ये निश्चित परिमाणवाचक के उदाहरण हैं क्योंकि इनकी नाप-तौल ही की जाती है।

सार्वनामिक विशेषण

जैसा कि नाम से ही स्पष्ट होता है, जहाँ पर यह, वह, सर्वनाम किसी संज्ञा शब्द की

विशेषता बताते हैं वहाँ सार्वनामिक विशेषण होता है। इसे संकेतवाचक विशेषण भी कहते हैं। जैसे — यह कमीज लाल है। उस विद्यार्थी को देखो। वह पुस्तक मेरी है। यह आदमी मोटा है। उपर्युक्त वाक्यों में यह, उस, वह आदि सर्वनाम पद संज्ञा — कमीज, विद्यार्थी एवं पुस्तक के पहले प्रयुक्त होकर उसे विशेषित कर रहे हैं। उसकी ओर संकेत कर रहे हैं। अतः इन्हें सार्वनामिक विशेषण कहा जाता है। [संज्ञा से पहले आनेवाला प्रत्येक सर्वनाम पद सार्वनामिक विशेषण नहीं होता। जैसे — **वह** विद्यालय जा रहा है। **वह** विद्यालय मेरा है। इन दोनों वाक्यों में पहला **वह** पुरुषवाचक विशेषण है तथा दूसरा **वह** सार्वनामिक विशेषण क्योंकि यह विद्यालय को विशेषित कर रहा है।]

प्रविशेषण

जो शब्द विशेषण की भी विशेषता बताते हैं। उन्हें प्रविशेषण कहा जाता है। जैसे — **बहुत** बड़ा मैदान। यहाँ 'बहुत' शब्द बड़ा शब्द की विशेषता बता रहा है अतः प्रविशेषण है।

कुछ शब्द मौलिक रूप से विशेषण होते हैं। जैसे — काला, लाल, पीला, मूर्ख, विद्वान, छोटा, बड़ा, महान आदि। किंतु हम कुछ संज्ञा शब्दों से भी विशेषण बना सकते हैं।

रोग	रोगी	सम्मान	सम्मानित
गुण	गुणी	शिक्षा	शिक्षित
स्वदेश	स्वदेशी	विकास	विकसित
पंजाब	पंजाबी	राष्ट्र	राष्ट्रीय
परिश्रम	परिश्रमी	कुल	कुलीन
धर्म	धार्मिक	क्रोध	क्रोधी
विज्ञान	वैज्ञानिक	आदर	आदरणीय
समाज	सामाजिक	गर्व	गर्वीला
लोक	लौकिक	दिन	दैनिक
सप्ताह	साप्ताहिक	दया	दयालु

सोचें, समझें और करें

1. विशेषण विशेष्य को अलग करें —

लाल, आदमी, चार, कुछ, कमीज़, मोटा,
संतरे, पानी, तलवार, खिलौना, तेज़, टूटा

विशेषण ....

विशेष्य ....

2. उचित विशेषण विशेष्य छाँटकर सूची बनाएँ।

चं	च	ल	छो	ऊँ	बं
प	हा	ड़	टी	चा	द
कु	टि	या	घो	ड़ा	र
सुं	द	र	स	फे	द
वि	शा	ल	ल	ड़	की
त	र	फ	आ	का	श

चंचल ....

.... कुटिया

ऊँचा ....

.... घोड़ा

विशाल ....

.... लड़की

3. निम्नलिखित अनुच्छेद से विशेषण छाँटकर लिखें।
एक मोटी लड़की दौड़ रही थी। उसकी तेज़ चाल सबको आश्चर्यचकित कर रही थी। उसने रंगबिरंगे कपड़े पहने थे। थोड़ी देर रुककर उसने ठंडा पानी पीया। उसने प्रथम स्थान प्राप्त किया और स्वर्णपदक से सम्मानित की गई।
....

4. निम्नलिखित विशेषणों के तीन-तीन उदाहरण दीजिए।

गुणवाचक ....

संख्यावाचक ....

परिमाणवाचक ....

सार्वनामिक विशेषण ....

5. नीचे दिए गए उचित विशेषणों से रिक्त स्थान भरें।

साफ, अच्छे, काला, थोड़ा, 2 गज, पाँचवीं, सुंदर, वीर, एक, काले

क) मेरा कुत्ता .... है।

ख) हमें फूलों की .... माला चाहिए।

ग) .... लड़के माता-पिता का कहना मानते हैं।

घ) .... पानी लाकर दीजिए।

ङ) अपने घर को .... रखें।

च) मैं .... कक्षा में पढ़ता हूँ।

छ) आकाश में .... बादल छाये हैं।

ज) मेरी फ्राक के लिए .... कपड़ा चाहिए।

झ) मेरी गुड़िया .... है।

ञ) 26 जनवरी को .... बालकों को पुरस्कार दिया जाता है।

6. नीचे लिखे संज्ञा शब्दों से विशेषण बनाइये।

धर्म	....	समाज	....	विज्ञान	....
देश	....	शिक्षा	....	कुल	....

9. क्रिया *(Verb)*

बच्चों! यदि हम अपने चारों ओर देखें तो पाते हैं कि हर समय कुछ-न-कुछ हो रहा होता है या हम भी कुछ-न-कुछ कर रहे होते हैं।

जिन शब्दों से किसी काम का करना या होना पता चले, उन्हें क्रिया कहते हैं। नीचे का चित्र देखें—

इस चित्र में आपको कई कार्य होते हुए दिखाई दे रहे हैं — 1. लड़की पढ़ **रही है**। 2. माँ स्वेटर **बुन रही है**। 3. पिता जी अखबार **पढ़ रहे हैं**। 4. बच्चा खिलौनों से **खेल रहा है**। 5. खिलौने **बिखरे** हुए **हैं**। 6. लड़का गुब्बारे **लेकर आ रहा है**।

मोटे लिखे शब्दों को ध्यान से पढ़ें तो आप जान जाएँगे कि इन वाक्यों में यही वे शब्द हैं जिनसे हम किसी कार्य का होना जान रहे हैं। किसी वाक्य में क्रिया-शब्द एक हो

सकता है तो किसी में एक से ज़्यादा। जैसे — 1. उसका नाम गीतिका **है**। 2. वह सुबह से **पढ़ता ही जा रहा है**। पहले वाक्य में मात्र एक शब्द 'है' क्रिया शब्द है जबकि दूसरे वाक्य में चार शब्द 'पढ़ता जा रहा है' क्रिया का बोध करा रहे हैं।

मुख्य तथा सहायक क्रिया

जब किसी वाक्य में हम एक से अधिक क्रिया शब्दों का प्रयोग करते हैं तो उनमें से एक शब्द मुख्य क्रिया का सूचक होता है तथा अन्य शब्द उसके सहायक शब्द होते हैं जिन्हें हम सहायक क्रिया भी कहते हैं। मुख्य क्रिया किसी वाक्य में एक ही होती है जबकि सहायक क्रियाएँ एक या उससे ज़्यादा भी हो सकती है। जैसे बच्चा सो गया। इस वाक्य में मुख्य क्रिया है 'सोना' या 'सो' तथा सहायक क्रिया है 'गया'। एक दूसरा वाक्य देखें — दिशा खेल रही है। इसमें 'खेल' या 'खेलना' मुख्य क्रिया है और सहायक क्रियाएँ दो हैं एक 'रही' और दूसरी 'है'।

काल *(Tense)*

काल और क्रिया का अभिन्न संबंध होता है। कोई भी क्रिया या तो अभी हो रही होती है या वह हो चुकी होती है अथवा होनेवाली होती है। इस प्रकार क्रिया तीन कालों में होती है—

1. **वर्तमान काल** *(Present Tense)*
2. **भूतकाल** *(Past Tense)*
3. **भविष्यत् काल** *(Future Tense)*

वर्तमान काल

जब क्रिया वर्तमान में हो। जैसे — सूरज पूर्व में उगता है। बच्चे खेल रहे हैं। मेरा नाम संदीप है। इन तीनों वाक्यों में क्रियाएँ इसी समय हो रही है इसलिए यह वर्तमान काल है। कुछ और वाक्य देखें —

1. बादल गरज रहे हैं। 2. दुकान खुल गई है। 3. संगीता गाती है।
4. पंछी चहचहाते हैं। 5. मोर नाच रहा है। 6. माँ खाना पका रही हैं।

भूत काल

जब क्रिया हो चुकी हो। जैसे — बच्चे स्कूल से आ गए। पिता जी खाना खा चुके। चाचा जी कल जयपुर चले गए। इन सभी वाक्यों में आने, खाने और जाने का काम हो चुका है। कुछ और वाक्य देखें —

1. किरन ने सिलाई सीखी।
2. बच्चे ने दूध पी लिया।
3. वहाँ सब मस्ती में नाच रहे थे।
4. पिता जी बाज़ार से फल लाए थे।
5. भाई विदेश से लौट आया।

भविष्यत् काल

जब क्रिया होनेवाली हो। जैसे — सुजय कल आएगा। मैं भी तुम्हारे साथ चलूँगी। आप समय पर पहुँच जाइएगा। इन सब वाक्यों में आने, चलने और पहुँच जाने के कार्य अभी होने हैं, हुए नहीं हैं। कुछ और वाक्य देखें —

1. मई में विद्‌यालय बंद रहेंगे।
2. मैं पत्र लिखूँगा।
3. शाज़िया पाठ याद कर लेगी।
4. आप कहाँ बैठेंगे ?
5. हम सब पिकनिक पर जाएँगे।
6. तुम्हें काम पूरा करना होगा।

सोचें, समझें और लिखें

1. निम्नलिखित वाक्यों में से क्रिया शब्द छाँट कर लिखें।

क) आकाश में पक्षी उड़ रहे हैं। ....

ख) भोजन दीदी बनाएँगी। ....

ग) नौकर से भी सम्मानपूर्वक बात किया करो। ....

घ) माँ ने बच्चे को सुला दिया है। ....

ङ) रोगी को दवा पिला दो। ....

च) बाल्टी में पानी भरा है। ....

छ) बच्चे की भोली बातें सुन कर सब हँस पड़े। ....

2. रिक्त स्थानों में क्रिया का सही रूप भरें।

क) मेरी बात पर विश्वास .... । (करना)

ख) वह कल लखनऊ से .... आया। (लौटना)

ग) वह खुशी से .... पड़ा। (उछलना)

घ) सबको मिठाई .... है। (बाँटना)

ङ) भारी चीज़ पानी में .... है। (डूबना)

3. रिक्त स्थानों में क्रिया के काल का नाम भरें।

क) मैं सब वस्तुएँ संभाल कर रखती हूँ। ....

ख) दिशा खाना खा चुकी है। ....

ग) अध्यापिका हिंदी पढ़ा रही हैं। ....

घ) अब तक गाड़ी जा चुकी होगी। ....

ङ) आप हमारे घर कब आएँगे? ....

च) उसकी गेंद से शीशा टूट गया। ....

छ) मेरे दादा जी को पुस्तकें पढ़ना अच्छा लगता है। ....

ज) मेरी नानी जी को बहुत सारी कहानियाँ आती हैं। ....

4. निम्नलिखित क्रिया-शब्दों का प्रयोग करते हुए वाक्य बनाएँ।

क) खिलना — ....

....

ख) बेचना — ....

....

ग) नाचना — ....

....

घ) गरजना — ....

....

ङ) लटकना — ....

....

5. निम्नलिखित वाक्यों में मुख्य व सहायक-क्रियाओं को चुनकर रिक्त स्थानों में लिखें।

	मुख्य क्रिया	सहायक क्रिया
क) हमें समय पर सो जाना चाहिए।	....	....
ख) बच्चे छत पर कूद रहे हैं।	....	....
ग) वह पेड़ पर से गिर पड़ा।	....	....
घ) मुझसे और नहीं खाया जाएगा।	....	....
ङ) वाणी तो उसे देखते ही भाग गई।	....	....
च) दीपक रोता ही जा रहा है।	....	....
छ) सुलक्षणा आज गा नहीं पाएगी।	....	....

10. क्रिया-विशेषण *(Adverb)*

घोड़ा तेज़ दौडता है।

रेशमा ध्यान से पढ़ती है।

बाहर एक बगीचा है।

दादा जी सुबह सैर करने जाते हैं।

मुकेश बहुत खाता है।

ऊपर लिखे वाक्यों को देखें तो आप पाएँगे कि इन वाक्यों में होनेवाली क्रियाओं के साथ-साथ उनकी विशेषताएँ भी हैं। ये सभी विशेषताएँ निम्नलिखित प्रश्नों का उत्तर हैं।

1. क्रिया **कैसे** हो रही है?
2. क्रिया **कहाँ** हो रही है?
3. क्रिया **कब** हो रही है?
4. क्रिया **कितनी** हो रही है?

वे शब्द जो क्रिया की विशेषता बताएँ, उन्हें क्रिया-विशेषण कहते हैं।

क्रिया के भेद

1. **रीतिवाचक क्रिया-विशेषण** — जिन शब्दों से यह ज्ञान हो कि क्रिया कैसे हो रही है वे रीतिवाचक क्रिया-विशेषण हैं। जैसे — चित्रों के साथ दिए वाक्यों में 'घोड़ा' कैसे दौड़ रहा है? तथा 'रेशमा' कैसे पढ़ रही है? का उत्तर क्रमशः 'तेज़' तथा 'ध्यान से' है, इसलिए ये दोनों शब्द रीतिवाचक क्रिया-विशेषण हैं।
2. **स्थानवाचक क्रिया-विशेषण** — जिन शब्दों से क्रिया कहाँ हो रही है, यह ज्ञात हो उन्हें स्थानवाचक क्रिया-विशेषण कहते हैं। जैसे — बगीचा कहाँ है? इस प्रश्न का उत्तर है 'बाहर', इसलिए 'बाहर' स्थानवाचक क्रिया-विशेषण है।
3. **कालवाचक क्रिया-विशेषण** — जिन शब्दों से यह ज्ञात हो कि क्रिया कब हुई उन्हें कालवाचक क्रिया-विशेषण कहते हैं। जैसे — दादा जी सैर करने कब जाते हैं? इस प्रश्न का उत्तर होगा 'सुबह', इसलिए 'सुबह' कालवाचक क्रिया-विशेषण है।
4. **परिमाणवाचक क्रिया-विशेषण** — जिन शब्दों से यह ज्ञात हो कि क्रिया कितनी अर्थात् कितनी मात्रा में हुई, उन्हें परिमाणवाचक क्रिया-विशेषण कहते हैं। जैसे — मुकेश कितना खाता है? इस प्रश्न का उत्तर होगा 'बहुत', इसलिए 'बहुत' परिमाणवाचक क्रिया-विशेषण है।

आइए क्रिया-विशेषण के रूप में अक्सर प्रयुक्त होनेवाले कुछ शब्दों की सूचि देखें —

रीतिवाचक	स्थानवाचक	कालवाचक	परिमाणवाचक
धीरे-धीरे	यहाँ-वहाँ	आज	कम
जल्दी	ऊपर-नीचे	कल	ज़्यादा
अच्छा	आगे-पीछे	परसों	बहुत
ध्यानपूर्वक	सामने	अभी	खूब
दौड़ते हुए	दूर	हमेशा	कुछ

रीतिवाचक	स्थानवाचक	कालवाचक	परिमाणवाचक
हँसते हुए रोते-रोते	इधर-उधर	प्रतिदिन अक्सर कभी-कभी जल्दी देर से	उतना जितना ज़ोर से हल्के से थोड़ा

सोचें, समझें और लिखें

1. रिक्त स्थानों में उपयुक्त क्रिया-विशेषण शब्द लिखें।

   क) सिपाही को देख कर चोर .... भागा।

   ख) .... मत खड़े रहो .... आ जाओ।

   ग) .... ही थाली में लो .... खा सको।

   घ) वह घर .... आ गया।

   ङ) उसकी गाड़ी छूट गई क्योंकि वह .... स्टेशन पहुँचा।

   च) .... बोलो, कोई सुन लेगा।

   छ) वह शेर को देख कर .... चीखी।

   ज) मैं .... तुम्हारी प्रतीक्षा कर रही हूँ।

   झ) तुम .... नहीं .... बैठो।

   ञ) .... खा लो, नहीं तो कमज़ोरी महसूस होगी।

2. निम्नलिखित वाक्यों में प्रयुक्त क्रिया-विशेषण छाँटे और उनके भेद भी लिखें।

   दादा जी जब सुबह सैर करने गए तो वहाँ उन्हें उनके पुराने मित्र मिल गए। वे दोनों कोने में बैंच पर बैठकर धीरे-धीरे बातें करने लगे। सामने से उनके एक और मित्र भी आते हुए दिखाई दिए। दादा जी ने ज़ोर से आवाज़ लगा कर उन्हें भी पास

बैठा लिया। अभी उन्होंने ठीक से हाल–चाल भी नहीं पूछा था कि अचानक तेज़ी से बारिश होने लगी। दादा जी कल से खाँसी से परेशान थे, अब भीगने से कहीं बुखार ना हो जाए इसलिए वे तेज़ी से एक बड़े पेड़ की तरफ़ दौड़े। पीछे–पीछे उनके मित्र भी दौड़े।

	क्रिया–विशेषण शब्द	भेद
क)	....	....
ख)	....	....
ग)	....	....
घ)	....	....
ङ)	....	....
च)	....	....
छ)	....	....
ज)	....	....
झ)	....	....
ञ)	....	....
ट)	....	....
ठ)	....	....

3. निम्नलिखित क्रिया–विशेषण शब्दों का प्रयोग करते हुए वाक्य बनाएँ।

क) अभी — ....

....

ख) लगातार — ....

....

ग) दूर — ....

....

घ) धड़ाम से — ....

....

ङ) चुपके से — ....

....

4. 'कुछ' शब्द को विशेषण एवं क्रिया-विशेषण दोनों रूपों में प्रयोग करते हुए एक-एक वाक्य बनाएँ।

विशेषण = ...

....

क्रिया-विशेषण = ...

....

11. विरामचिह्न *(Punctuation)*

हम अपनी बात एक सांस में नहीं कह सकते। उसके लिए हमें कहीं-न-कहीं रुकना पड़ता है। गलत स्थान पर रुकने पर आशय स्पष्ट नहीं होता। कभी-कभी अर्थ का अनर्थ भी हो जाता है। जैसे — चलो, मत रुको। यही अल्पविराम यदि मत के बाद लगा दें — चलो मत, रुको। अर्थ बिल्कुल बदल जाएगा। अतः विराम चिह्न का सही प्रयोग आना चाहिए। कुछ महत्त्वपूर्ण विराम चिह्न इस प्रकार हैं — पूर्णविराम, अल्पविराम, प्रश्न चिह्न, उद्धरण चिह्न, विस्मयादिबोधक चिह्न, योजक चिह्न।

पूर्णविराम (।)

वाक्य पूरा होने पर पूर्णविराम का प्रयोग किया जाता है। यह कथन समाप्ति का सूचक भी है। जैसे — सिमरन बाज़ार गई।

अल्पविराम (,)

हमारी बात अभी पूरी नहीं हुई है और हम थोड़ा रुकना चाहते हैं तब अल्पविराम का प्रयोग किया जाता है। भिन्न-भिन्न वस्तुओं का वर्णन करते समय भी अल्पविराम का प्रयोग किया जाता है। जैसे — श्रद्धा की दादी जी रामायण, गीता, महाभारत आदि पढ़ती हैं।

प्रश्न चिह्न (?)

प्रश्न पूछे जाने पर वाक्य के अंत में प्रश्नवाचक चिह्न लगाया जाता है। जैसे — तुम क्या पढ़ रहे हो?

उद्धरण चिह्न (“ ”)

जब हम किसी के द्वारा कही गयी बात को ठीक उसी रूप में कहते हैं तब इस चिह्न का प्रयोग करते हैं। उद्धरण चिह्न से पहले अल्पविराम का प्रयोग किया जाता है। जैसे — तिलक ने कहा, “स्वतंत्रता हमारा जन्मसिद्ध अधिकार है।”

योजक चिह्न (-)

दो या दो से अधिक शब्दों को जोड़ने के लिए योजक चिह्न का प्रयोग किया जाता है। जैसे — रात-दिन, माता-पिता आदि।

विस्मयादिबोधक चिह्न (!)

विस्मय, घृणा, हर्ष, शोक, भय, प्रशंसा आदि भावों अथवा संबोधन सूचक शब्दों के अंत में इस चिह्न को लगाया जाता है। जैसे —

1. वाह! कितना सुंदर मौसम है।
2. छि:! वह तो बड़ी गंदी है।
3. बालकों! इधर आओ।

सोचें, समझें और करें

1. नीचे लिखे वाक्यों में विराम चिह्न लगाइए।

   क) रश्मि तुम क्या कर रही हो

   ख) अरे आज तो छुट्टी है

   ग) राम ने कहा मैं कल आऊँगा

   घ) मैं दिन रात मेहनत करके प्रथम आऊँगा

12. शब्द-भंडार *(Vocabulary)*

क. पर्यायवाची शब्द *(Synonyms)*

पर्यायवाची का अर्थ होता है समान अर्थवाले विभिन्न शब्द। इनका अर्थ समान होने पर भी सूक्ष्म भेद अवश्य होता है जिन्हें जानकर ही इनका प्रयोग करना चाहिए। कुछ उपयोगी पर्यायवाची शब्द नीचे दिए जा रहे हैं।

1. अतिथि — मेहमान, अभ्यागत, पाहुन, आगंतुक
2. अध्यापक — शिक्षक, गुरु, आचार्य
3. आग — अनल, पावक, अग्नि, वह्नि
4. आँख — नेत्र, नयन, चक्षु, लोचन
5. आकाश — नभ, गगन, आसमान, व्योम
6. इच्छा — अभिलाषा, चाह, कामना
7. ईश्वर — भगवान, ईश, परमात्मा, प्रभु
8. कमल — राजीव, नीरज, पंकज, जलज
9. जंगल — वन, अरण्य, कानन, विपिन
10. जल — सलिल, पानी, अंबु, नीर
11. झुंड — मंडली, दल, समूह, टोली
12. घर — गृह, गेह, निकेतन, आलय
13. चाँद — चंद्रमा, शशि, राकेश, इंदु
14. गंगा — जाह्नवी, भागीरथी, देवनदी, सुरसरी
15. तालाब — सर, सरोवर, ताल, तड़ाग
16. तिलक — टीका, अभिषेक
17. दिन — वासर, दिवस, वार, दिवा
18. देव — देवता, अमर, सुर
19. घोड़ा — अश्व, घोटक, हय, तुरग

20. दुष्ट — दुर्जन, अधम, नीच, खल
21. दीपक — दीया, दीप, दीवा
22. धरती — जमीन, धरा, भू
23. नदी — सरिता, सरित्, तरंगिणी
24. पक्षी — खग, विहग, पंछी
25. पत्ता — पत्र, पल्लव, पर्ण, दल
26. पत्थर — प्रस्तर, पाषाण, शिला
27. पत्र — चिट्ठी, खत
28. पहाड़ — गिरि, नग, पर्वत
29. पाठशाला — विद्यालय, मदरसा, स्कूल
30. पेड़ — वृक्ष, द्रुम, पादप, तरु
31. पृथ्वी — धरती, धरा, जमीन
32. फूल — प्रसून, कुसुम, पुष्प
33. बादल — मेघ, वारिद, घन, जलधर
34. प्रयत्न — कोशिश, चेष्टा, प्रयास
35. प्रसन्नता — खुशी, उल्लास, आनन्द, हर्ष
36. प्रार्थना — अनुनय, विनती, निवेदन
37. बगीचा — उपवन, वाटिका, उद्यान, बाग
38. बेटा — सुत, पुत्र, तनय, आत्मज
39. भौंरा — भ्रमर, अलि, मधुप, मधुकर
40. मित्र — दोस्त, सखा, मीत, सुहृद्
41. राजा — नृप, नरेश, भूपति, भूप
42. रात — रजनी, राका, रात्रि, यामिनी
43. नारी — ललना, स्त्री, महिला, औरत
44. वर्षा — वृष्टि, बरखा, बारिश, बरसात

45. विद्यार्थी — छात्र, शिष्य
46. शाम — संध्या, सायं, सांझ
47. शेर — केसरी, सिंह, वनराज, मृग
48. संसार — जगत, दुनिया, जग
49. समुद्र — रत्नाकर, उदधि, जलधि, सागर
50. सुबह — प्रातः, भोर, सबेरा, प्रभात
51. शरीर — देह, काया, तन, बदन
52. शत्रु — दुश्मन, अरि, रिपु
53. सुंदर — मनोहर, रमणीक, ललित
54. हाथ — हस्त, कर, पाणि
55. हाथी — गज, करि, कुंजर
56. सदा — हमेशा, सदैव, सर्वदा
57. रास्ता — मार्ग, पथ, राह, पंथ
58. हवा — पवन, वायु, मारुत, अनिल

सोचें, समझें और लिखें

1. पर्यायवाची शब्दों को छाँटकर नीचे दिए गए स्थान में लिखें।

बादल, घर, कमल, मेघ, गेह, जलज, गृह, जलधर

शत्रु, पंकज, दुश्मन, सागर, अरि, रत्नाकर, समुद्र

बादल	गृह	सागर	दुश्मन	कमल
....	....	....	....	....
....	....	....	....	....

2. नीचे लिखे वाक्यों के रिक्त स्थान में कोष्ठक में दिए गए शब्द का पर्यायवाची भरें।

क) मेरी माँ प्रतिदिन .... स्नान के लिए जाती हैं। (देवनदी)

ख) .... पूर्व दिशा में उदित होता है। (सूर्य)

ग) लंगड़े के लिए .... पर चढ़ना संभव नहीं। (पहाड़)

घ) रितेश और हिमांशु अच्छे .... हैं। (मित्र)

ङ) सर्दियों में .... छोटी होती हैं। (रात्रि)

3. नीचे लिखे शब्दों के तीन-तीन पर्यायवाची लिखें।

रास्ता	....	....	....
राजा	....	....	....
पत्ता	....	....	....
दिन	....	....	....
वर्षा	....	....	....
हवा	....	....	....

ख. विलोम शब्द *(Antonyms)*

विलोम शब्द आपने पिछली कक्षाओं में भी सीखे हैं। हिंदी में विलोम शब्द दो प्रकार के होते हैं—

1. पहला प्रकार वह जहाँ हम अ, अन्, निः, ना, बे आदि उपसर्गों का प्रयोग करके विपरीत या उल्टा अर्थ देनेवाला शब्द बनाते हैं। जैसे — रोगी × निरोगी।
2. दूसरा प्रकार वह जहाँ शब्द का पूरा स्वरूप ही बदल जाता है। जैसे — प्रेम × घृणा।

आइए विलोम शब्दों के दोनों प्रकार के उदाहरण सीखें।

'अ' उपसर्ग से बनने वाले विलोम शब्द —

संतोष	×	असंतोष	चल	×	अचल
मल	×	अमल	स्थिर	×	अस्थिर
सुरक्षा	×	असुरक्षा	न्याय	×	अन्याय
धर्म	×	अधर्म	हित	×	अहित
सत्य	×	असत्य	शुद्ध	×	अशुद्ध

'अन्' उपसर्ग से बनने वाले विलोम शब्द —

इच्छा	×	अनिच्छा	उत्तीर्ण	×	अनुत्तीर्ण
उचित	×	अनुचित	आहार	×	अनाहार
एक	×	अनेक	उपस्थित	×	अनुपस्थित

'निः' उपसर्ग से बनने वाले विलोम शब्द —

आशा	×	निराशा	आदर	×	निरादर
धनी	×	निर्धन	बलवान	×	निर्बल

'कु' उपसर्ग से बननेवाले विलोम शब्द —

पुत्र	×	कुपुत्र	सुयश	×	कुयश
सुमति	×	कुमति	सुलक्षणी	×	कुलक्षणी

कुछ उर्दू के शब्द हिंदी भाषा ने अपनाए हैं। उनके विलोम शब्द उर्दू के उपसर्गों से बनते हैं। जैसे 'ना' व 'बे' उपसर्ग।

'ना' से बनने वाले विलोम शब्द —

इंसाफ़	×	नाइंसाफ़ी	मंज़ूर	×	नामंज़ूर
कामयाब	×	नाकामयाब	उम्मीद	×	नाउम्मीद
वाकिफ़	×	नावाकिफ़	बालिग	×	नाबालिग

'बे' से बनने वाले विलोम शब्द —

अक्लमंद	×	बेअक्ल	सहारा	×	बेसहारा
लगाम	×	बेलगाम	रहम	×	बेरहम

शब्दों में परिवर्तन से बने विलोम शब्द

1. उदय	×	अस्त	4. अनुज	×	अग्रज
2. अपना	×	पराया	5. आदि	×	अंत
3. आदान	×	प्रदान	6. आस्तिक	×	नास्तिक

7.	उपकार	×	अपकार
8.	प्रेम	×	घृणा
9.	राग	×	द्वेष
10.	जड़	×	चेतन
11.	अंधकार	×	प्रकाश
12.	निंदा	×	प्रशंसा
13.	रात	×	दिन
14.	सच	×	झूठ
15.	शांत	×	उग्र/अशांत
16.	नवीन	×	प्राचीन
17.	भला	×	बुरा
18.	पाप	×	पुण्य
19.	शत्रु	×	मित्र
20.	सौभाग्य	×	दुर्भाग्य
21.	इहलोक	×	परलोक
22.	स्वर्ग	×	नरक
23.	स्वदेश	×	विदेश
24.	भला	×	बुरा
25.	मानव	×	दानव
26.	आदान	×	प्रदान
27.	कृतज्ञ	×	कृतघ्न
28.	उपकार	×	अपकार
29.	सधवा	×	विधवा
30.	ज्ञानी	×	मूर्ख/अज्ञानी
31.	स्वार्थ	×	परमार्थ
32.	क्रय	×	विक्रय

सोचें, समझें और लिखें

1. रिक्त स्थानों में उपयुक्त विलोम शब्द लिखें।

   क) मैंने सत्य कहा और उसने .... ।

   ख) .... को निर्धन की सहायता करनी चाहिए।

   ग) कछुआ चतुर था और खरगोश .... ।

   घ) आम व्यक्ति स्वार्थी होता है लेकिन संत .... होते हैं।

   ङ) हे प्रभु! हमें .... से प्रकाश की ओर ले चलो।

   च) सबसे प्रेम करो .... नहीं।

   छ) संजय मेरा अनुज है और विशाल मेरा .... ।

   ज) सूर्य पूर्व से उदित होता है और पश्चिम में .... ।

   झ) किसी का भला करना .... है और बुरा करना पाप।

2. निम्न शब्दों के सामने उसका विलोम शब्द लिखें।

i) निंदा × ....

ii) नवीन × ....

iii) स्वदेश × ....

iv) नास्तिक × ....

v) उग्र × ....

vi) परलोक × ....

vii) मूर्ख × ....

viii) उपकार × ....

ix) विक्रय × ....

x) चेतन × ....

xi) उचित × ....

xii) आधार × ....

xiii) अन्याय × ....

xiv) सहारा × ....

ग. अनेक शब्दों के लिए एक शब्द *(One word for many words)*

अपनी बात को कम-से-कम शब्दों में कहने से बात प्रभावशाली बन जाती है तथा भाषा का प्रवाह भी बना रहता है। अत: अनेक शब्दों के लिए एक शब्द अवश्य सीखना चाहिए। आइए दैनिक जीवन में काम आनेवाले कुछ शब्द सीखें।

1. जिसके आने की तिथि निश्चित न हो — अतिथि
2. बड़ा भाई — अग्रज
3. छोटा भाई — अनुज
4. जो कभी न मरे — अमर
5. जहाँ रोगियों का इलाज हो — अस्पताल
6. जो दिखाई न दे — अदृश्य
7. जिसका वर्णन न हो सके — अवर्णनीय
8. जो अभिनय करता हो — अभिनेता
9. जो अभिनय करती हो — अभिनेत्री
10. जिसके मन में दया हो — दयालु
11. जो कविता लिखती हो — कवयित्री
12. जो बोलता हो — वक्ता

13. जो सरलता से मिले — सुलभ
14. जो कठिनता से मिले — दुर्लभ
15. हर दिन होनेवाला — दैनिक
16. सप्ताह में एक दिन होने वाला — साप्ताहिक
17. पंद्रह दिन में एकबार होनेवाला — पाक्षिक
18. महीने में एकबार होनेवाला — मासिक
19. वर्ष में एकबार होनेवाला — वार्षिक
20. सुननेवाला — श्रोता
21. जो बोल न सके — मूक/गूंगा
22. जो सुन न सके — बधिर/बहरा
23. जो अपने देश का हो — स्वदेशी
24. देखनेवाला — दर्शक
25. जहाँ पुरानी वस्तुओं का संग्रह हो — संग्रहालय
26. साथ में पढ़नेवाला — सहपाठी
27. शहर में रहनेवाला — शहरी
28. मीठा बोलनेवाला — मृदुभाषी
29. सच बोलनेवाला — सत्यवादी
30. जिसे सत्य प्यारा हो — सत्यप्रिय
31. अच्छा आचरण करनेवाला — सदाचारी
32. जिसके हृदय में दया न हो — निर्दयी
33. हाथ से लिखा गया — हस्तलिखित
34. जो देखने योग्य हो — दर्शनीय
35. जो दूर की सोचे — दूरदर्शी
36. जिसमें बल न हो — निर्बल
37. फल का सेवन करनेवाला — फलाहारी

38. शाक सब्ज़ी खानेवाला — शाकाहारी
39. माँस खानेवाला — माँसाहारी
40. जिसकी सराहना की जाए — सराहनीय
41. जिसकी प्रशंसा की जाए — प्रशंसनीय
42. जहाँ छात्र निवास करते हों — छात्रावास
43. जिसका भाग्य अच्छा हो — सौभाग्यशाली
44. सौ वर्षों का समूह — शताब्दी
45. चार भुजाओं वाला — चतुर्भुज
46. समाज से संबंधित — सामाजिक
47. विज्ञान से संबंधित — वैज्ञानिक
48. इतिहास से संबंधित — ऐतिहासिक
49. शरण में आया हुआ — शरणागत
50. शक्ति के अनुसार — यथाशक्ति

सोचें, समझें और लिखें

1. नीचे लिखे वाक्यांशों के लिए एक शब्द लिखें।

जो कभी न मरे	....	जो दूर की सोचे	....
जिसमें बल न हो	....	सच बोलनेवाला	....
शहर में रहनेवाला	....	जो कठिनता से मिले	....
जहाँ जाना सरल हो	....	जिसके मन में दया हो	....
बड़ा भाई	....	छोटा भाई	....
समाज से संबंधित	....	शरण में आया हुआ	....
देखनेवाला	....	शाक सब्ज़ी खानेवाला	....
साथ में पढ़नेवाला	....	हर दिन होनेवाला	....

घ. समरूपी भिन्नार्थक शब्द *(Similar words – different meanings)*

बाहर गाय खड़ी है। उपवन में **बहार** आई थी। नदी के **कूल** पर रेत ही रेत थी। सोमेश अपने **कुल** का दीपक था।

उपर्युक्त वाक्यों में मोटे लिखे शब्दों का यदि उच्चारण किया जाए तो हम देखेंगे कि इनके उच्चारण में बहुत समानता है। बाहर, बहार, कूल, कुल आदि। किंतु इनके अर्थ में भारी अंतर है। इन्हें ही समरूपी अर्थात् समानरूप वाला किंतु भिन्न अर्थवाला कहा जाता है। भाषा क्षमता बढ़ाने के लिए इनका प्रयोग आवश्यक है। जैसे —

आकर — खान
आकार — रूप

बाग — बगीचा
बाघ — शेर

समान — एक जैसा
सामान — वस्तुएँ

आसमान — आकाश
असमान — जो एक सा न हो

अनल — आग
अनिल — हवा

चरम — अंतिम
चर्म — चमड़ा

तप — तपस्या
ताप — गर्मी

ओर — तरफ
और — तथा

अचार — आम आदि का अचार
आचार — आचरण

बुरा — खराब
बूरा — पिसी शक्कर

गृह — घर
ग्रह — नक्षत्र, सूर्य, मंगल आदि

अन्न — अनाज
अन्य — दूसरा

कर्म — काम
क्रम — व्यवस्था

छत्र — छाता
छात्र — विद्यार्थी

आदि — आरंभ
आदी — अभ्यस्त

कंकाल — हड्डियों का ढाँचा
कंगाल — दरिद्र

दिन	— दिवस	नीर	— पानी
दीन	— दरिद्र	नीड़	— घोंसला
अधम	— नीच	अपकार	— बुरा
अधर्म	— पाप	उपकार	— भला
मूल	— जड़	भवन	— मकान
मूल्य	— कीमत	भुवन	— संसार
शूर	— वीर	परिणाम	— फल
सुर	— देवता	परिमाण	— मात्रा
पता	— ठिकाना	प्रमाण	— सबूत
पत्ता	— पत्र	प्रणाम	— नमस्कार

सोंचे, समझें और करें

1. समरूपी भिन्नार्थक शब्दों को अपने वाक्यों में इस प्रकार प्रयोग कीजिए कि उनके अर्थ स्पष्ट हो जाएँ।

दिन — ....

दीन — ....

अनल — ....

अनिल — ....

तप — ....

ताप — ....

ओर — ....

और — ....

गृह — ....

ग्रह — ....

ङ. अनेकार्थी शब्द *(One word, different meanings)*

प्रत्येक भाषा में ऐसे शब्द भी होते हैं जिनका एक से अधिक अर्थ होता है, जो प्रसंग के अनुसार बदल जाते हैं। जैसे — अच्छे **अंक** लाने पर माँ प्रसन्न हुई। माँ के **अंक** में बच्चा सो गया। दोनों ही अंक का अलग अर्थ है—पहले अंक का अर्थ है नंबर, दूसरे अंक का अर्थ है गोद। ऐसे अनेक शब्द हैं, जैसे—

1. अर्थ — मतलब, धन
2. अंबर — आकाश, वस्त्र
3. अवकाश — बीच का समय, छुट्टी
4. आदि — प्रारंभ, वगैरह
5. उत्तर — जवाब, उत्तर दिशा
6. उपचार — उपाय, इलाज
7. कर — हाथ, किरण, टैक्स
8. काल — समय, मृत्यु
9. कल — चैन, मशीन, आनेवाला दिन, बीता हुआ दिन
10. कुल — सब, वंश, घर
11. खग — पक्षी, आकाश
12. घट — घड़ा, हृदय, कम, शरीर
13. घर — मकान, कुल, कार्यालय
14. जवान — सैनिक, योद्धा, वीर, युवक
15. तारा — नक्षत्र, आँखों की पुतली
16. तीर — किनारा, बाण
17. दल — समूह, पत्ता, सेना
18. नव — नया, नौ
19. पत्र — चिट्ठी, पत्ता
20. पृष्ठ — पन्ना, पीछे का भाग

21. पानी — जल, मान, चमक

22. मित्र — दोस्त, सूर्य

23. लाल — एक रंग, पुत्र

24. वार — दिन, आक्रमण, प्रहार

25. हार — पराजय, माला

सोचें, समझें और करें

1. नीचे लिखे शब्दों के दो-दो अर्थ लिखें।

अर्थ ....

हार ....

मित्र ....

तीर ....

अंबर ....

2. नीचे लिखे शब्दों के दो अर्थों के दो-दो वाक्य बनाएँ।

उत्तर — 1. ....

— 2. ....

काल — 1. ....

— 2. ....

कुल — 1. ....

— 2. ....

13. अशुद्धि संशोधन

व्याकरण का महत्त्व जानने के संदर्भ में आप यह जान चुके हैं कि भाषा का शुद्ध रूप जानना कितना आवश्यक है। हिंदी एक वैज्ञानिक भाषा है, इसे जैसा बोला जाता है वैसा ही लिखा भी जाता है। इसीलिए यदि बोलने में त्रुटि होगी तो लिखने में भी होगी। लेकिन कभी-कभी बोलने में त्रुटि न होने पर भी लिखने में त्रुटि हो जाती है। सभी प्रकार की अशुद्धियों का संशोधन जानना-सीखना आवश्यक है।

श और ष की अशुद्धियाँ

अशुद्ध	शुद्ध	अशुद्ध	शुद्ध
शेश	शेष	सुशमा	सुषमा
कृश्न	कृष्ण	धनुश	धनुष
विशय	विषय	वेष	वेश
दृष्य	दृश्य	ईष्वर	ईश्वर

र, ऋ, रि की अशुद्धियाँ

संस्कृत में 'ऋ' का उच्चारण किस प्रकार होता था आज हम नहीं जानते हैं। आज 'ऋ' और 'रि' एक समान उच्चारित किए जाते हैं। इसी प्रकार ऋ स्वर की मात्रा तथा 'र' व्यंजन में भी बच्चे गलती करते हैं। आइए शुद्ध रूप सीखें।

अशुद्ध	शुद्ध	अशुद्ध	शुद्ध
रिशि	ऋषि	प्रथक	पृथक
रितु	ऋतु	पृथम	प्रथम
रिण	ऋण	नर्क	नरक
मिरत्यु	मृत्यु	किरपा	कृपा
आर्शीवाद	आशीर्वाद	हरशित	हर्षित
दरशन	दर्शन	परबंध	प्रबंध

उ, ऊ, इ, ई तथा ए, ऐ की अशुद्धियाँ

अशुद्ध	शुद्ध	अशुद्ध	शुद्ध
पुज्य	पूज्य	श्रीमति	श्रीमती
पुजनिय	पूजनीय	कवी	कवि
दुध	दूध	कवित्रि	कवयित्री
परंतू	परंतु	दवाईयाँ	दवाइयाँ
तूम्हें	तुम्हें	मिठाईयाँ	मिठाइयाँ
प्रभू	प्रभु	स्त्रीयाँ	स्त्रियाँ
रूपया	रुपया	पत्नि	पत्नी
आयू	आयु	पती	पति
शुरु	शुरू	मुनी	मुनि
पुर्ति	पूर्ति	इश्वर	ईश्वर
मुरति	मूर्ति	क्योंकी	क्योंकि
हुँ	हूँ	इतिहासिक	ऐतिहासिक
ऐक	एक	सैना	सेना
ऐकता	एकता	सेनिक	सैनिक
ऐसा	ऐसा	में	मैं

अनुनासिक (ँ) तथा अनुस्वार (ं) की अशुद्धियाँ

अशुद्ध	शुद्ध	अशुद्ध	शुद्ध
सन्जय	संजय	कामनाऐं	कामनाएँ
ठन्डा	ठंडा	गुड़ियाऐं	गुड़ियाँ
डन्डा	डंडा	दवाइयें	दवाइयाँ
दन्ड	दंड	रीतिऐं	रीतियाँ
अहिन्सा	अहिंसा	ऋतुऐं	ऋतुएँ

'ड़' व 'ढ़' तथा 'न' व 'ण' संबंधी अशुद्धियाँ

अशुद्ध	शुद्ध	अशुद्ध	शुद्ध
पड़ना	पढ़ना	पुन्य	पुण्य
चड़ना	चढ़ना	रामायन	रामायण
लढ़ना	लड़ना	चरन	चरण
पेढ़	पेड़	प्रान	प्राण
गरुढ़	गरुड़	गुन	गुण
रूड़	रूढ़	कारन	कारण

क्ष, त्र, ज्ञ संबंधी अशुद्धियाँ

अशुद्ध	शुद्ध	अशुद्ध	शुद्ध
छत्रिय	क्षत्रिय	गयान	ज्ञान
छमा	क्षमा	योज्ञ	योग्य
दक्श	दक्ष	कृतगय	कृतज्ञ
पक्श	पक्ष	ग्याता	ज्ञाता
लक्ष	लक्ष्य	विग्यान	विज्ञान
क्षात्र	छात्र	छत्तर	छत्र
पुत्तर	पुत्र	मंतरी	मंत्री

कुछ अन्य अशुद्धियाँ

अशुद्ध	शुद्ध	अशुद्ध	शुद्ध
करम	कर्म	शिंगार	शृंगार
धरम	धर्म	विध्यालय	विद्यालय
चिन्ह	चिह्न	विध्यार्थी	विद्यार्थी
चेष्ठा	चेष्टा	कृतघन	कृतघ्न
आन्नद	आनन्द	शृम	श्रम

अशुद्ध	शुद्ध	अशुद्ध	शुद्ध
मुठ्ठी	मुट्ठी	परिक्षा	परीक्षा
उज्जवल	उज्ज्वल	स्वास्थय	स्वास्थ्य
परिक्षम	परिश्रम	प्रशन	प्रश्न
अत्याधिक	अत्यधिक		

वाक्य संबंधी अशुद्धियाँ

शब्द-अशुद्धि के साथ ही वाक्य-अशुद्धियों पर भी ध्यान देना आवश्यक है। प्रायः लिंग, वचन, कारक के गलत प्रयोग से या वाक्य में शब्द-क्रम सही नहीं होने से अशुद्धियाँ हो जाती हैं। साथ ही अनुपयुक्त शब्द के प्रयोग या विराम-चिह्न के गलत प्रयोग से भी अर्थ का अनर्थ हो जाता है। कुछ सामान्य अशुद्धियाँ देखें—

लिंग संबंधी अशुद्धियाँ

अशुद्ध	शुद्ध
1. मेरा आँख दुख रहा है।	1. मेरी आँख दुख रही है।
2. क्या आपका माता जी बीमार हैं?	2. क्या आपकी माता जी बीमार हैं?
3. मैत्रेयी विद्वान थीं।	3. मैत्रेयी विदुषी थीं।
4. राम और सीता वन को गईं।	4. राम और सीता वन को गए।
5. मेरे चाची जी जयपुर गए।	5. मेरी चाची जी जयपुर गईं।

वचन संबंधी अशुद्धियाँ

अशुद्ध	शुद्ध
1. आपकों यहाँ हस्ताक्षर करना है।	1. आपको यहाँ हस्ताक्षर करने हैं।
2. यह पंक्तियाँ मुझे याद हैं।	2. ये पंक्तियाँ मुझे याद हैं।
3. तुलसीदास जी ने अनेकों ग्रंथ लिखे।	3. तुलसीदास जी ने अनेक ग्रंथ लिखे।
4. सबको केले खाने हैं।	4. सबको केला खाना है।
5. वह लोग आ गए।	5. वे लोग आ गए।

कारक संबंधी अशुद्धियाँ (कारक के अध्याय में भी देखें)

अशुद्ध	शुद्ध
1. हमने आज ही चले जाना है।	1. हमें आज ही जाना है।
2. भिखारी के शरीर में कपड़े नहीं हैं।	2. भिखारी के शरीर पर कपड़े नहीं हैं।
3. छत में मत कूदो।	3. छत पर मत कूदो।
4. रामायण से लिखे श्लोक पढ़कर सुनाओ।	4. रामायण में लिखे श्लोक पढ़कर सुनाओ।
5. पिता जी का आज्ञा को मानना चाहिए।	5. पिता जी की आज्ञा माननी चाहिए।

शब्द-क्रम संबंधी अशुद्धियाँ

अशुद्ध	शुद्ध
1. खरगोश को काटकर गाजर खिलाओ।	1. खरगोश को गाजर काटकर खिलाओ।
2. उसे एक गर्म प्याली चाय चाहिए।	2. उसे एक प्याला गर्म चाय चाहिए।
3. महात्मा जी को एक फूल की माला पहनाओ।	3. महात्मा जी को फूलों की एक माला पहनाओ।
4. प्रधानमंत्री थे हमारे पहले नेहरु जी।	4. नेहरु जी हमारे पहले प्रधानमंत्री थे।
5. दुश्मनों ने कर दिया हमारे देश पर आक्रमण।	5. दुश्मनों ने हमारे देश पर आक्रमण कर दिया।

अनावश्यक शब्दों के प्रयोग संबंधी अशुद्धियाँ

अशुद्ध	शुद्ध
1. तुम बहुत ही शरारती हो।	1. तुम बहुत शरारती हो।
2. वह रात भर भी सो नहीं सका।	2. वह रात भर सो नहीं सका।
3. मेरे पास केवल मात्र दस रुपए हैं।	3. मेरे पास केवल दस रुपए हैं। अथवा मेरे पास मात्र दस रुपए हैं।

अशुद्ध	शुद्ध
4. मैं यह बात कदापि भी नहीं मान सकती।	4. मैं यह बात कदापि नहीं मान सकती।
5. तुम उससे ज़रूर से मिल लेना।	5. तुम उससे ज़रूर मिल लेना।

गलत विरामचिह्न संबंधी अशुद्धियाँ

अशुद्ध	शुद्ध
1. रुको मत, जाओ।	1. रुको, मत जाओ।
2. गाँधी जी ने कहा करो या मरो।	2. गाँधी जी ने कहा, "करो या मरो!"

कुछ अन्य वाक्य अशुद्धियाँ

अशुद्ध	शुद्ध
1. मेरे को भी तुम्हारे साथ जाना है।	मुझे भी तुम्हारे साथ जाना है।
2. हत्यारे को मृत्युदंड की सज़ा मिलेगी।	हत्यारे को मृत्युदंड मिलेगा।
3. मेरे पाँव में बहुत कष्ट है।	मेरे पाँव में बहुत दर्द है।
4. दादा जी की मौत की मुझे परेशानी है।	दादा जी की मौत का मुझे दुख है।
5. वह हँसने लग पड़ा।	वह हँसने लगा।
6. उसका प्राण बच गया।	उसके प्राण बच गए।
7. छत से पानी चू रहे हैं।	छत से पानी चू रहा है।
8. बहुत दिन से आपका दर्शन नहीं हुआ।	बहुत दिनों से आपके दर्शन नहीं हुए।
9. बारिश से फ़सल नाश हो गई।	बारिश से फ़सल नष्ट हो गई।
10. यह किताब पढ़कर अच्छी लगी।	यह किताब पढ़कर अच्छा लगा।

सोचें, समझें और लिखें

1. रिक्त स्थानों में वाक्य शुद्ध करके लिखें।

क) यह बच्चे शरारती हैं।

....

ख) मैं संध्या के समय बगीचे घूमने जाता हूँ।

....

ग) मेरी सबसे प्रणाम कहना।

....

घ) सैनिक की प्राण निकल गई।

....

ङ) वह बहुत धीमी बोलती है।

....

2. अशुद्ध शब्दों को शुद्ध करें।

i) दिजिए	ii) स्वस्थ्य ....
iii) क्योंकी	iv) पूज्यनीय ....
v) प्रीक्षा	vi) चाहइए ....
vii) आन्नद	viii) गौऐं ....
ix) गाईका	x) आज्ञाकारी ....

14. मुहावरे *(Idioms)*

मुहावरे भाषा के प्राण हैं। ये भाषा में प्रभाव एवं सौंदर्य उत्पन्न करते हैं। ये वाक्यांश होते हैं जो वाक्यों में प्रयुक्त होकर पूर्ण अर्थ देते हैं। इनका शब्दिक अर्थ नहीं लिया जाता बल्कि ये विशेष अर्थ को बताते हैं। उदाहरण के लिए 'नौ दो ग्यारह होना' — यहाँ नौ और दो जोड़कर ग्यारह बनाना तात्पर्य नहीं बल्कि विशेष अर्थ है 'भाग जाना'। इस प्रकार मुहावरे भाषा में सजीवता एवं रोचकता लाते हैं। कुछ प्रसिद्ध उपयोगी मुहावरे नीचे दिए गए हैं।

	मुहावरे	अर्थ	वाक्य में प्रयोग
1.	अक्ल का दुश्मन	मूर्ख	अक्ल के दुश्मन ही बिना परिश्रम किए परीक्षा में सफलता पाना चाहते हैं।
2.	काठ का उल्लू	अत्यंत मूर्ख	तुम तो निरे काठ के उल्लू हो, छोटी सी बात भी नहीं समझते।
3.	अक्ल चकराना	कुछ समझ में न आना	गणित का प्रश्न-पत्र देखकर रोहित की तो अक्ल चकराने लगी।
4.	आँखें खुलना	होश आना	मित्र की बेइमानी पकड़ी गयी तब सान्या की आँखें खुलीं।
5.	आँख दिखाना	गुस्सा होना	क्यों आँखे दिखा रहे हो, मैंने तुम्हारा क्या बिगाड़ा है?
6.	आँखों का तारा	बहुत प्यारा होना	गाँधी जी सबकी आँखों के तारे थे।
7.	आँखों में धूल झोंकना	धोखा देना	रंजीत की आँखों में धूल झोंककर चोर उसका बैग उठा ले गए।
8.	मुँह में पानी भर आना	ललचाना	अच्छे पकवान देखकर भिखारी के मुँह में पानी भर आया।

9.	अपने मुँह मियामिट्ठू बनना	अपनी प्रशंसा खुद करना	संदीप की बातें सुनकर अध्यापक ने कहा अपने मुँह मियामिट्ठू बनना उचित नहीं।
10.	ऊँट के मुँह में जीरा	बहुत कम होना	पहलवान के लिए दो रोटी तो ऊँट के मुँह में जीरे के समान है।
11.	दाँतों तले उंगली दबाना	आश्चर्यचकित होना	ताजमहल की सुंदरता देखकर रोहित ने दाँतो तले उंगली दबा ली।
12.	दाँत काटी रोटी	गहरी मित्रता	संसृति एवं मुदिता में दाँत काटी रोटी है।
13.	दाँत खट्टे करना	बुरी तरह हराना	भारतीयों ने युद्ध में शत्रुओं के दाँत खट्टे कर दिए।
14.	नाक में दम करना	बहुत तंग करना	शैतान बच्चों ने शीशे तोड़-तोड़ कर नाक में दम कर रखा है।
15.	नाक रगड़ना	गिड़गिड़ाना	रमेश गुरु जी के सामने नाक रगड़ता रहा किंतु गुरु जी ने उसे माफ़ नहीं किया।
16.	नाकों चने चबवाना	बहुत तंग करना	डाकुओं ने पुलिस के नाकों चने चबवा दिए।
17.	कान भरना	चुगली करना	रमेश की सबसे बुरी आदत है मित्रों के विरुद्ध कान भरना।
18.	कान कतरना	बहुत चतुर होना	संजीव को हराना मुश्किल है। वह तो बड़ों-बड़ों के कान कतरता है।
19.	कान पर जूँ न रेंगना	कुछ असर न होना	रमणी से कुछ भी कहते रहो उसके कानों पर जूँ तक नहीं रेंगती।
20.	किस्मत चमकना	अच्छा समय आना	रम्भा को विदेश में नौकरी क्या मिली उसकी किस्मत चमक गई।

21. पीठ थपथपाना	शाबाशी देना	परीक्षा में प्रथम आने पर सबने रोहन की पीठ थपथपाई।
22. हवा से बातें करना	तेज़ दौड़ना	राणा प्रताप का घोड़ा हवा से बातें करता था।
23. ठान लेना	निश्चय करना	संगम ने परीक्षा में प्रथम आने की ठान ली और पढ़ने में जुट गया।
24. पानी-पानी होना	शर्मिंदा होना	चोरी पकड़े जाने पर रमण पानी-पानी हो गया।
25. जमीन पर पाँव न पड़ना	खुश होना	लाटरी लगने पर रेशमा के पाँव जमीन पर नहीं पड़ रहे थे।

कुछ अन्य मुहावरे

1. आग बबूला होना — बहुत गुस्सा होना
2. आसमान सिर पर उठाना — बहुत शोर मचाना
3. आगे-पीछे घूमना — चापलूसी करना
4. आकाश के तारे तोड़ना — असंभव काम करना
5. अंधे की लकड़ी — एकमात्र सहारा
6. अंगूठा दिखाना — वक्त पर इंकार करना
7. ईंट से ईंट बजाना — नष्ट-भ्रष्ट कर देना
8. उंगली पर नचाना — पूरी तरह वश में करना
9. उल्लू बनाना — मूर्ख बनाना
10. एक और एक ग्यारह होना — संगठन में शक्ति
11. कमर कसना — तैयार हो जाना
12. कलई खुलना — पोल खुलना
13. खून खौलना — बहुत गुस्सा आना
14. गुड़ गोबर होना — बना-बनाया काम बिगाड़ना
15. घी के दीए जलाना — खुशियाँ मनाना

16. घर का उजाला — इज्ज़त बढ़ानेवाला
17. चंपत होना — भाग जाना
18. चुल्लुभर पानी में डूब मरना — बहुत शर्मिंदा होना
19. छक्के छुड़ाना — बुरी तरह हराना
20. जमीन-आसमान एक करना — बहुत मेहनत करना
21. जान के लाले पड़ना — गहरी मुसीबत में आना
22. टाँग अड़ाना — दखल देना
23. तलवे चाटना — चापलूसी करना
24. दाल में काला होना — कुछ गड़बड़ होना
25. दिन-रात एक करना — बहुत मेहनत करना
26. दंग रह जाना — हैरान होना
27. दाल न गलना — सफल न होना
28. नाक कटना — बेइज्जती होना
29. नौ दो ग्यारह होना — भाग जाना
30. पेट में चूहे कूदना — भूख लगना
31. प्राण सूख जाना — डर जाना
32. प्राणों से प्यारा होना — बहुत प्रिय होना
33. फूला न समाना — खुश होना
34. बाएँ हाथ का खेल — सरल कार्य
35. बाग-बाग होना — बहुत प्रसन्न होना
36. भीगी बिल्ली बनना — डर जाना
37. मिट्टी का माधो — निरा मूर्ख
38. लाल पीला होना — बहुत गुस्सा करना
39. लगन का पक्का होना — निश्चय का पक्का होना
40. हाथ बँटाना — मदद करना
41. हिम्मत न हारना — न घबराना

42. हवा हो जाना — गायब हो जाना
43. हथियार डालना — हार मान लेना
44. हाथ मलते रह जाना — पछताते रह जाना
45. हाथ पाँव फूलना — घबरा जाना

सोचें, समझें और लिखें

1. उचित मुहावरों से रिक्त स्थान भरें।
   क) बालकों को शरारत करते देख अध्यापक .... हो गए।
   ख) बिल्ली को देख चूहा .... हो गया।
   ग) सचिन के लिए रन बनाना .... खेल है।
   घ) मूर्ख पुत्र ने पिता की .... दी।
   ङ) साहिबा को कम मत समझो, यह तो बड़ों-बड़ों के .... काटती है।

2. खण्ड 'क' के मुहावरों से खण्ड 'ख' के अर्थों का सही मेल करें।

क	ख
अत्यधिक प्रसन्न होना	हाथ बँटाना
शर्मिंदा होना	मिट्टी का माधो
चापलूसी करना	आँखों का तारा
बहुत प्यारा होना	दाल में काला होना
गिड़गिड़ाना	छक्के छुड़ाना
मदद करना	आकाश के तारे तोड़ना
निरा मूर्ख	नाक रगड़ना
बुरी तरह हराना	आगे पीछे घूमना
कुछ गड़बड़ होना	पानी-पानी होना
असंभव काम करना	फूला न समाना

3. सामने का चित्र देखकर जिस मुहावरे की याद आती हो, उसे लिखें।

क) ....

ख) ....

ग) ....

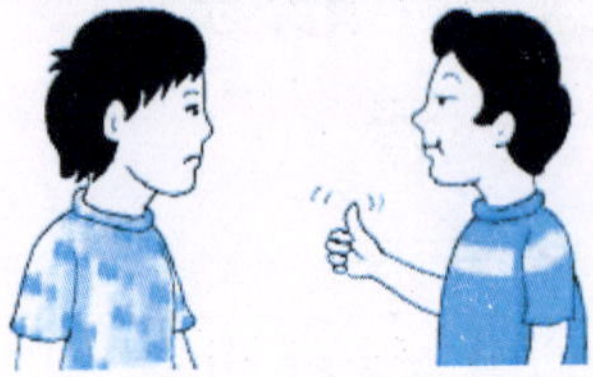

घ) ....

ङ) ....

च) ....

15. समाचार-लेखन एवं वाचन *(News writing & reading)*

बच्चो! भाषा पर आपका पूर्ण अधिकार हो, आप उसे प्रभावी ढंग से लिख-बोल सकें इसके लिए आप अनुच्छेद-लेखन तो करते ही हैं, समाचार-लेखन एवं वाचन का अभ्यास भी बहुत महत्त्वपूर्ण है।

समाचार-लेखन की महत्त्वपूर्ण बातें

1. **चयन** — समाचारों का चयन उनके महत्त्व पर निर्भर करता है। केवल वही समाचार चुनें जिनकी जानकारी आम जनता के लिए आवश्यक हो, जिनमें उनकी रुचि हो तथा वे भी जो प्रेरणादायी और उपयोगी हों।
2. **भाषा-शैली** — भाषा सरल व स्वाभाविक होनी चाहिए। वाक्य-रचना भी छोटी होनी चाहिए। बहुत लंबे, जटिल वाक्य समाचार समझने में बाधक होते हैं।
3. **संपादन** — प्रमुख समाचारों को पहले एक-एक पंक्ति में लिखें फिर उनमें से कुछ महत्त्वपूर्ण समाचारों को विस्तार से लिखें। इन समाचारों का क्रम निर्धारित करते समय महत्त्व व रोचकता का ध्यान रखना चाहिए। सनसनीखेज समाचारों से बचना चाहिए।

इस प्रकार **समाचार-लेखन में तथ्यों को सहज, सरल भाषा में तथा रोचक और प्रभावशाली शैली में लिखा जाना चाहिए।**

समाचार-वाचन की महत्त्वपूर्ण बातें

1. आवाज़ न बहुत धीमी होनी चाहिए और ना बहुत तेज़। इसी प्रकार बोलने की गति भी न बहुत तेज़ होनी चाहिए और ना ही बहुत कम।
2. लंबे वाक्यों के बीच में हल्की सी सांस लेना आवश्यक होता है। लेकिन ध्यान रहे कि कारक चिह्नों को संज्ञा या सर्वनाम शब्दों से अलग करके नहीं बोलें। इसी प्रकार योजक शब्द जैसे कि, इसलिए, क्योंकि आदि से पहले या बाद में अधिक रुकना भी ठीक नहीं।

3. बोलने की शैली स्वाभाविक होनी चाहिए। बात को उसी ढंग से बोलें जिस प्रकार आप उसे अपने सामने बैठे व्यक्ति से कहते हैं।

4. भावानुरूप उतार-चढ़ाव पर भी ध्यान देना आवश्यक है। एक ही तरीके से सुखद व दुखद समायार नहीं बोले जा सकते। इस बात का भी ध्यान रखें कि बोलने का ढंग अत्यधिक नाटकीय न हो जाए।

सोचें, समझें और लिखें

1. अध्यापक की सहायता से समाचार लिखें एवं उसे कक्षा में तथा प्रार्थना-सभा में बोलें।

मुख्य समाचार—

क) ....

ख) ....

ग) ....

घ) ....

अब समाचार विस्तार से—

क) ....

ख) ....

ग) ....

घ) ....

16. अपठित गद्यांश *(Unseen passages)*

1. अपठित गद्यांश के उत्तर लिखने से पूर्व उसे ध्यान से कम-से-कम दो बार पढ़ना चाहिए।
2. उत्तर लिखते समय गद्यांश से उत्तर ज्यों के त्यों नहीं उतार कर अपनी भाषा में लिखने चाहिए।
3. अपठित गद्यांशों के अभ्यास से भाव-ग्रहण क्षमता तथा भाषा पर अधिकार बढ़ता है।

अभ्यास

1. हमारा भारत सबसे न्यारा देश है। दुनिया में शायद ही कोई और देश ऐसा हो जहाँ छह ऋतुएँ अपनी-अपनी छटा बिखेरती हों। जहाँ बर्फ़ से ढके पहाड़ भी हों और जलते रेगिस्तान भी हों। खान-पान, रहन-सहन, भाषा-बोली का जितना वैविध्य यहाँ हैं, कहीं और नहीं। सबसे प्राचीन ग्रंथ 'वेद' यहीं रचे गए। शून्य का आविष्कार यहीं हुआ। दूर-दूर से व्यापारी यहाँ व्यापार करने तथा विद्यार्थी विद्या ग्रहण करने आते थे। हमें गर्व है कि हमारी संस्कृति न केवल सबसे पुरानी है अपितु श्रेष्ठतम है। हमने कभी किसी दूसरे देश को लूटने या हड़पने का प्रयत्न नहीं किया। सबकी कल्याण-कामना ही की।

   क) भारत सबसे न्यारा देश कैसे है ?

   ....

   ....

   ....

   ....

   ....

ख) हमारे देश की वे विशेषताएँ बताएँ जिन पर हमें गर्व है ?

....

....

....

....

2. माता-पिता बच्चों के आदर्श होते हैं। वे जैसा व्यवहार करते हैं, जिस भाषा में बोलते हैं, बच्चे भी वैसा ही करते हैं। बच्चे गीली मिट्टी के समान होते हैं। उन्हें जिस आकार में ढालो, वे ढल जाते हैं। जिस तरह गीली होने के कारण मिट्टी को मनचाहा आकार दिया जा सकता है, एक आकार पसंद ना आने पर दूसरा आकार बदला जा सकता है, उसी प्रकार बच्चों को संस्कार दिए जा सकते हैं, उनकी गलत आदतें बदली जा सकती हैं। संस्कारशील माता-पिता की संतानें भी संस्कारशील होती हैं। महात्मा गाँधी के सत्य-प्रेम, अहिंसा, त्याग और भक्ति के मूल में उनके माता-पिता का सदाचरण था।

क) माता-पिता का बच्चों पर क्या प्रभाव पड़ता है ?

....

....

....

....

ख) बच्चों को गीली मिट्टी के समान क्यों कहा गया है ?

....

....

....

....

3. परिश्रम ही सफलता की कुंजी है। जो भाग्य के भरोसे बैठे रहते हैं वे जीवन में कुछ भी प्राप्त नहीं कर पाते और जो प्रयत्न करते हैं वे अपने दुर्भाग्य को भी सौभाग्य में बदल देते हैं। अमरीका के राष्ट्रपति अब्राहम लिंकन एक गरीब लकड़हारे के परिवार में पैदा हुए। उनके पास स्कूल जाने या किताबें खरीदने के लिए भी पैसे नहीं थे। वे आठ-कोस पैदल चलकर उस व्यक्ति के घर जाते थे जिसने अपने पुस्तकालय में बैठ कर पुस्तकें पढ़ने की उन्हें अनुमति दे रखी थी। सारा दिन लकड़ी काटने के बाद संध्या को पुस्तकें पढ़ना, मीलों पैदल जाना-आना, इसी परिश्रम ने उन्हें कुंदन-सा चमका दिया। व्यक्ति परिश्रम करे तो वह सब कुछ पा सकता है जो वह पाना चाहता है और यदि आलसी हो तो वह सब खो सकता है जो उसे प्राप्त हो चुका है। इसीलिए हमारे ऋषि-मुनियों ने कहा 'चरैवति, चरैवति' अर्थात् चलते रहो, चलते रहो। जो बैठ गया उसका भाग्य भी बैठ जाता है।

क) परिश्रम को सफलता की कुंजी क्यों कहा गया है?

....

....

....

....

ख) हमारे ऋषि-मुनियों ने क्या संदेश दिया है?

....

....

....

....

4. जब भूमि तवे-सी जलने लगती है, गरम हवा के थपेड़ों से फूल, पौधे झुलस जाते हैं, प्राणी निढाल हो जाते हैं और चारों ओर त्राहि-त्राहि मच जाती है तब हम आकाश की ओर ताक कर बादलों के छा जाने और वर्षा की ठंडी फुहारों की प्रतीक्षा

करने लगते हैं। प्रतीक्षा की घड़ियाँ समाप्त होती हैं और उमड़-घुमड़ कर काली बदली आकाश पर छा जाती हैं, बिजली चमकने लगती है, बादल गरजने लगते हैं, नन्हीं-नन्हीं बूँदों की छम-छम होने लगती है। वर्षा को इसीलिए तो ऋतुओं की रानी कहा गया है। मोर नाचने लगते हैं, चारों ओर हरियाली छा जाती है। मेढकों की टर्र-टर्र, झींगुरों की झंकार, वर्षा की टपाटप से ताल मिलाने लगते हैं।

क) वर्षा से पूर्व क्या स्थिति होती है ?

....

....

....

....

ख) प्रतीक्षा की घड़ियाँ कब समाप्त होती हैं ?

....

....

....

....

ग) वर्षा ऋतु को 'ऋतुओं की रानी' क्यों कहा जाता है ?

....

....

....

....

17. संवाद-लेखन *(Dialogue writing)*

कहते हैं 'बंद मुट्ठी सवा लाख की'। जब तक व्यक्ति चुप रहे हम उसके विषय में कुछ जान नहीं पाते। व्यक्ति कैसे बोलता है, क्या बोलता है, कैसी भाषा का प्रयोग करता है, इन सब बातों से उसका व्यक्तित्व झलकता है। संवादों का महत्त्व नाटकों, कहानियों आदि में भी होता है। संवाद लिखते समय कुछ बातों का ध्यान रखना चाहिए—

1. संवादों को पात्रों की आयु के अनुरूप होना चाहिए। दो बच्चों और दो बूढ़ों के संवादों में ज़मीन-आसमान का अंतर होता है।
2. संवादों की भाषा सरल व आम बोलचाल की होनी चाहिए। जितनी स्वाभाविकता उनमें होगी उतने ही वे प्रभावशाली होंगे।
3. संवादों में क्रम का ध्यान रखना भी आवश्यक है। एक बात से दूसरी बात जुड़ी होनी चाहिए।
4. संवाद छोटे-छोटे होने चाहिए, लंबे, बोझिल नहीं।
5. संवाद का अंत किसी नतीजे तक ले जानेवाला होना चाहिए।

आइए पिंजरे में बंद दो पंछियों के बीच संवाद देखें—

तोता — उफ़! ये ज़ालिम लड़का। इसने तुम्हें भी कैद कर लिया?

मैना — हाँ भाई। मैं थककर डाल पर बैठी थी कि चुपके से आकर उसने मुझे दबोच लिया और यहाँ पिंजरे में डाल दिया।

तोता — आदमी कितना स्वार्थी होता है। अपनी छोटी-सी खुशी के लिए दूसरे को दुख देने में उसे ज़रा भी संकोच नहीं होता।

मैना — क्या कहा तुमने, संकोच? उल्टा वह सोचता है कि उसने हमें पिंजरे में रख कर हम पर एहसान किया है।

तोता — एहसान? वह कैसे?

मैना — हमें बैठे-बैठाए दाना-पानी जो देता है।

तोता — नहीं चाहिए हमें ऐसे आराम से मिलनेवाला दाना-पानी। यह आदमी क्या जानें, मुक्त आकाश में अपने संगी-साथियों के साथ उड़ने का आनंद।

मैना — सुख-सुविधा के पीछे भागनेवाला इंसान क्या समझे इन बातों को।

तोता — पिंजरे की सलाखों को तोड़ने की कोशिश में मेरी चोंच घायल हो गई। पंख टूट गए। मैं लहूलुहान हो गया। पर उस बेदर्द लड़के को ज़रा दया नहीं आई।

मैना — सच है — स्वतंत्रता से बढ़ कर और कोई सुख नहीं।

तोता — काश! यह बात उसे भी कोई समझा दे।

मैना — है प्रभु! उसे सद्बुद्धि दे।

पिता-पुत्र के बीच संवाद

पिता — इधर आओ मुन्ना। यह तुम रामू से कैसे बोल रहे थे ?

मुन्ना — मैं कब-से पानी माँग रहा था पर रामू सुन ही नहीं रहा था।

पिता — रामू को हमने तुम्हारी माँ के काम का बोझ हल्का करने के लिए रखा अवश्य है पर इसका यह मतलब नहीं कि तुम हर छोटे-बड़े काम उससे करवाओ।

मुन्ना — नौकर को तो हमारा हुक्म मानना ही चाहिए।

पिता — बेटा! नौकर भी हमारी तरह इंसान है। जैसे मैं दफ़्तर में काम करता हूँ, मुझे उस काम के बदले वेतन मिलता है, उसी तरह रामू भी हमारे घर काम करता है।

मुन्ना — पर पिता जी। आप तो बड़े अफ़सर हैं। अफ़सर और नौकर एक जैसे कैसे हो सकते हैं ?

पिता — यही तो तुम्हारी भूल है बेटा! कोई काम बड़ा या छोटा नहीं होता। इंसान अपने व्यवहार से, अपने आचरण से, अपनी बोली से छोटा या बड़ा होता है।

मुन्ना — पिता जी! सभी तो अपने नौकरों से ऐसे ही बोलते हैं।

पिता — बहुत लोगों के करने से कोई गलत बात सही नहीं हो जाती। यह कभी नहीं भूलना कि कमज़ोर को सताना पाप है। हर इंसान के प्रति सद्भाव रखो फ़िर देखो तुम्हारे भीतर कितनी शांति होगी।

मुन्ना — मुझे क्षमा कर दें पिता जी भविष्य में ऐसी गलती नहीं करूँगा।

पिता — मुझे खुशी है कि तुमने अपनी गलती को समझा। क्षमा मुझसे नहीं माँगो, जाओ क्षमा रामू से माँगो।

सोचें, समझें और लिखें

1. निम्नलिखित संवाद लिखें—

   क) दादी और पोते के बीच

   ख) दो पड़ोसिनों के बीच

   ग) दो फूलों के बीच

   घ) आम और नीम के वृक्षों के बीच

   ङ) अध्यापक और छात्र के बीच

18. पत्र-लेखन *(Letter writing)*

पत्र-लेखन एक कला है। अपने से दूर रहनेवाले संबंधियों एवं मित्रों को अपना कुशल समाचार पहुँचाने तथा अन्य आवश्यक जानकारी देने एवं प्राप्त करने के लिए पत्र का सहारा लिया जाता है। पत्र दो प्रकार के होते हैं औपचारिक तथा अनौपचारिक।

औपचारिक पत्र भी कई प्रकार के होते हैं। जैसे — प्रार्थना-पत्र, शिकायती पत्र, व्यावसायिक पत्र, कार्यालयीय पत्र आदि। ये पत्र संक्षिप्त तथा शिष्टता से भरे होते हैं।

अनौपचारिक पत्र—अपने से बड़ों को पत्र, बराबर वाले मित्रों को पत्र तथा अपने छोटे भाई-बहन को पत्र। इसमें लिखनेवाला अपना दिल खोलकर रखता है।

पत्र-लेखन में पत्र का प्रारूप विशेष महत्त्व रखता है। किसे कैसे संबोधित करना है, कैसे अभिवादन करना है, विषय का प्रस्तुतिकरण, समापन सभी महत्त्वपूर्ण होते हैं। कंप्यूटर युग के कारण अंग्रेज़ी पत्रों के समान हिंदी पत्रों को लिखने के ढंग में भी बदलाव आया है। सभी संबोधनों एवं अभिवादन को एक तरफ बाईं ओर लिखा जाता है। पत्र समाप्त करते समय अपना नाम भी बाईं ओर ही लिखा जाता है।

पत्र का प्रारूप

अनौपचारिक पत्र

संबंध	संबोधन	अभिवादन	पत्र का अंत
माता, पिता तथा अपने से बड़े	पूजनीय, पूज्य, आदरणीय	सादर प्रणाम, प्रणाम	आपका प्रिय, आपका आज्ञाकारी
छोटे भाई, बहन आदि	प्रिय, स्नेही	शुभाशीर्वाद आशीष	तुम्हारा शुभचिंतक
अपने बराबर वालों को (मित्र आदि)	प्रिय, मित्रवर	नमस्ते, नमस्कार	तुम्हारा, तुम्हारा मित्र

औपचारिक पत्र

संबंध	संबोधन	समापन
प्रधानाचार्य, पुस्तकालयाध्यक्ष	माननीय महोदय, मान्यवर, महोदया	आपका आज्ञाकारी शिष्य भवदीय/भवदीया

शिकायती पत्र

संबंध	संबोधन	समापन
स्वास्थ्य अधिकारी, पुलिस अधिकारी आदि	श्रीमान्, महोदय	भवदीय/भवदीया

प्रार्थना-पत्र

बीमारी के कारण तीन दिन के अवकाश के लिए प्रधानाचार्य को पत्र

प्रतिष्ठा में,

प्रधानाचार्य

बाल विद्या मंदिर

नई सड़क, दिल्ली

महोदय,

सविनय निवेदन है कि तीव्र ज्वर के कारण मैं विद्यालय आने में असमर्थ हूँ। डॉक्टर ने मुझे तीन दिन आराम करने का परामर्श दिया है। अतः मुझे दिनांक 4.8.2006 से 6.8.2006 तक का अवकाश देने की कृपा करें।

धन्यवाद

आपका आज्ञाकारी शिष्य

नितिन

कक्षा—पाँचवीं 'अ'   दिनांक : 3.8.2006

शुल्क-माफ़ी के लिए प्रधानाचार्य को पत्र

प्रतिष्ठा में,

प्रधानाचार्य
विद्या बाल मंदिर
आर.के. पुरम्, नई दिल्ली

महोदय,

नम्र निवेदन है कि मेरे पिता जी एक साधारण सरकारी कर्मचारी हैं। उनका वेतन केवल 5000/- रुपये प्रतिमास है। मेरे दो भाई-बहन और हैं। जिनकी शिक्षा भी अनिवार्य है। मैं हमेशा कक्षा में प्रथम आती हूँ। किसी भी अध्यापक को शिकायत का अवसर नहीं देती।

यदि आप मुझे शुल्क-माफ़ी दें तो मैं अपनी शिक्षा जारी रखने में समर्थ हो सकूँगी।

आशा है आप मेरी प्रार्थना अवश्य स्वीकार करेंगे।

आपकी आज्ञाकारिणी शिष्या
मृणालिनी
कक्षा—पाँचवी 'बी' दिनांक : 6.8.2006

मोहल्ले की सफ़ाई के लिए स्वास्थ्य अधिकारी को पत्र

प्रतिष्ठा में,

स्वास्थ्य अधिकारी
दिल्ली नगर निगम
हौज़ खास, नई दिल्ली

विषय—**मोहल्ले की सफ़ाई**

महोदय,

इस पत्र के द्वारा मैं आपका ध्यान अपने मोहल्ले हौज़ खास की सफ़ाई की ओर आकर्षित करना चाहता हूँ। मेरा मोहल्ला इस समय कूड़ाघर बना हुआ है। नालियाँ कूड़े के कारण रुकी पड़ी हैं। मक्खी, मच्छरों की भरमार है। सफ़ाई कर्मचारी यहाँ कई दिनों से नहीं आए। कभी आते हैं तो गप्पें मारकर चले जाते हैं। उनसे कुछ कहने पर हमें ही भला-बुरा कहते हैं। अब वह दिन दूर नहीं जब मलेरिया फैल जाएगा।

अतः आपसे निवेदन है कि जल्द-से-जल्द अपने कर्मचारियों को मोहल्ले की सफ़ाई की हिदायत दें। कीटाणुनाशक दवाएँ छिड़कवाएँ। ढक्कनदार कूड़ेदान रखवाएँ।

आशा है आप शीघ्र इस विषय में कुछ करेंगे।

धन्यवाद

भवदीय
तुहिन तिवारी
मोहल्ला हौज़ खास
नई दिल्ली

दिनांक : 5.9.2006

जन्म-दिवस पर बधाई देते हुए मित्र को पत्र

ई-26, रोहिणी,
दिल्ली

दिनांक : 3.2.2006

प्रिय सखी सुकेशिनी

नमस्ते।

कल ही तुम्हारा निमंत्रण पत्र मिला। जन्मदिन की बहुत-बहुत बधाई। यह जानकर अत्यंत प्रसन्नता हुई कि तुम इस बार अपना जन्मदिन केक काट कर नहीं किंतु छोटा-सा हवन करके तथा अनाथ बच्चों को खाना खिला कर मनाओगी। भगवान तुम्हें लंबी आयु प्रदान करे। परीक्षा के कारण मैं इस अवसर पर उपस्थित होने में असमर्थ हूँ, किंतु मेरी तथा मेरे परिवार की शुभकामनाएँ तुम्हारे साथ हैं।

आशा है मेरे अतिरिक्त अन्य सभी मित्र इस अवसर पर आएँगे और आनंद उठाएँगे। अपने माता-पिता को मेरा प्रणाम कहना। एक बार फिर जन्मदिन की बहुत बधाई।

तुम्हारी प्रिय सखी
वंदिता

पिता को अपनी पढ़ाई का विवरण देते हुए पत्र

बिड़ला छात्रावास
नई दिल्ली

दिनांक : 6.2.2006

पूज्य पिता जी,
सादर प्रणाम

कल ही आपका पत्र मिला। समाचार जानकर प्रसन्नता हुई। आपने यह लिखा कि आप मेरी पढ़ाई के विषय में बहुत चिंतित हैं। आप चिंता न करें। यहाँ मैं अच्छी प्रकार अध्ययन कर रहा हूँ। सभी विषयों के लिए मैंने समय बाँट लिया है। गणित में मैं थोड़ा कमज़ोर हूँ इसलिए उस पर अधिक समय देता हूँ।

मेरे मित्र एवं अध्यापक भी काफ़ी अच्छे हैं। किसी भी समस्या का समाधान करने के लिए हमेशा तैयार रहते हैं। इस यूनिट टेस्ट में मेरे 80 प्रतिशत अंक आए हैं। आशा करता हूँ कि वार्षिक परीक्षा में इससे अधिक अंक आएँ।

माता जी ठीक होंगी। उनसे कहिए मेरी चिंता की आवश्यकता नहीं। मैं बिल्कुल ठीक हूँ। मोना एवं रमन से मेरा प्यार कहिएगा। माता जी से प्रणाम। पत्र की प्रतीक्षा में

आपका आज्ञाकारी पुत्र
संदीप

प्रधानाचार्य को बस बदलने हेतु पत्र

प्रतिष्ठा में

....

....

....

....

महोदय,

सविनय ....

....

....

....

....

....

....

....

आपका ....

....

....

दिनांक : ....

अपने बड़े भाई को अपने विद्यालय में लगे रात्रि कैंप का वर्णन करते हुए पत्र

....

....

....

....

दिनांक ....

आदरणीय ....

सादर प्रणाम,

....

....

....

....

....

....

....

....

आपका प्रिय ....

....

....

अपनी छोटी बहन को अच्छे अंक लाने के लिए बधाई देते हुए पत्र

....

....

....

दिनांक ....

प्रिय श्रुति

....

....

....

....

....

....

....

....

तुम्हारा अग्रज ....

....

....

19. अनुच्छेद-लेखन *(Paragraph writing)*

अनुच्छेद-लेखन एक कला है। इसमें विषय का विस्तार नहीं होता अपितु संक्षेप में विषय के मुख्य बिंदु को लिया जाता है। भाषा सरल तथा सुगम होनी चाहिए। इसे एक ही अनुच्छेद में लिखा जाता है। भिन्न-भिन्न अनुच्छेद नहीं लिखे जाते। इसमें भूमिका की भी कोई गुंजाइश नहीं होती। 100 या 125 शब्दों तक इसका विस्तार माना गया है।

मेरा मित्र

अच्छा मित्र जीवन के लिए वरदान है। हमारे सुख-दुख का साथी है। मित्र बनाते समय सावधान रहना चाहिए। कहा गया है 'पानी पीजे छानकर, मित्र कीजे जानकर'। मेरा भी एक मित्र है। उसका नाम अनिरुद्ध है। वह मेरा सहपाठी एवं पड़ोसी है। वह एक संस्कारी माता-पिता का पुत्र है। सरकार के उच्चपद पर होते हुए भी उनमें घमंड छू तक नहीं गया। उसकी माता जी सुशील, धर्मपरायण तथा सिद्धांतों वाली महिला हैं। अनिरुद्ध में अपने माता-पिता के सभी गुण विद्यमान हैं। वह भी विनम्र, परिश्रमी, बुद्धिमान तथा फुर्तीला विद्यार्थी है। कक्षा में सबकी सहायता करने के लिए हमेशा तैयार रहता है। वह कभी झूठ नहीं बोलता। आज का काम कल पर नहीं टालता। उसकी यही आदत मुझे सबसे अच्छी लगती है। समय की पाबंदी का हमेशा ध्यान रखता है। खेलकूद, पढ़ाई-लिखाई सभी में अव्वल है। सभी अध्यापक एवं अध्यापिकाएँ उससे प्यार करते हैं। मुझे अपने मित्र पर गर्व है।

खेलों का महत्त्व

'तंदुरुस्ती हज़ार नियामत', 'स्वस्थ शरीर में स्वस्थ मन का निवास होता है।' आदि उक्तियाँ खेलों के महत्त्व का प्रतिपादन करती हैं। संतुलित आहार, नियमित व्यायाम तथा प्रातःकालीन सैर सभी तंदुरुस्ती के लिए आवश्यक हैं। किंतु खेलना सबसे उपयोगी एवं महत्त्वपूर्ण है। खेलना व्यायाम के साथ-साथ मनोरंजन का भी साधन है। विद्यार्थी-जीवन में खेलों का विशेष महत्त्व है। नियमित रूप से खेलनेवाला विद्यार्थी फुर्तीला और प्रसन्नमुख रहता है। उसमें अनुशासन एवं सहयोग की भावना का विकास होता है। खेल में हार-जीत लगी रहती है। अतः भविष्य में असफल होने पर भी विद्यार्थी में निराशा की भावना नहीं आती। उसमें शीघ्र निर्णय लेने की शक्ति, सहनशीलता, धैर्य जागरूकता आदि भावना का विकास होता है। खेलों की लोकप्रियता बढ़ती जा रही है चाहे वह फुटबॉल हो, क्रिकेट हो, बैडमिंटन हो, कबड्डी हो या शतरंज। सभी खेलों ने अंतर्राष्ट्रीय स्तर प्राप्त कर लिया है। आज यह कहावत झूठी हो गई है 'खेलोगे कूदोगे बनोगे खराब, पढ़ोगे लिखोगे बनोगे नवाब।' आज सभी विद्यालयों में खेल कूद पाठ्यक्रम के आवश्यक अंग बन गए हैं। अतः हमें भी खेलों को महत्त्व देना होगा।

प्रातःकाल की सैर

प्रातःकाल दिन का सबसे शुद्ध, पवित्र तथा मनोरम समय है। रात्रि में गिरी ओस की बूँदे, उगते सूरज की हल्की किरणें तथा मंद शीतल हवा वातावरण को मनमोहक बना देते हैं। ऐसे वातावरण में सैर करने से तन ही नहीं मन भी स्वस्थ हो जाता है। मानों पूरे दिन के लिए स्फूर्ति की औषधि मिल गई हो। शुद्ध हवा श्वासनली से अंदर प्रवेश करके रक्त

के विकारों को दूर करती है। फेफड़ों को अधिक शक्तिशाली बनाती है तथा मानसिक तनाव को दूर करती है। हरी घास पर नंगे पाँव चलने से तथा सूर्य दर्शन से आँखों की रोशनी बढ़ती है। शरीर स्वस्थ होता है। गाँधी जी ने भी कहा है यदि आप नियमित व्यायाम नहीं कर पाते किंतु प्रातः काल सैर का समय निकाल पाते हैं तो अफसोस की आवश्यकता नहीं। सभी कमी अपने-आप पूरी हो जाती है। इस समय प्रकृति शांत होती है। ईश्वर के भजन में कोई बाधा नहीं आती। सुबह की सैर स्मरण शक्ति को बढ़ाती है। दीर्घायु प्रदान करती है। अतः हमें नियमित रूप से प्रातःकाल की सैर करनी चाहिए।

मेले का दृश्य

मेले भारतीय संस्कृति की धरोहर हैं। यह विभिन्न देशों, प्रदेशों की कला, विज्ञान आदि के परिचायक हैं। इसी प्रकार फरीदाबाद में स्थित सूरजकुंड का मेला है। इस मेले का प्रमुख उद्‌देश्य भारत के विभिन्न प्रांतों के दस्तकारों, शिल्पकारों की कला का प्रदर्शन है। एक ही स्थान पर भारत की संपूर्ण कला मानो सजीव हो उठती है। हम भी इस मेले को देखने गए। चारों ओर रंगबिरंगी पोशाकें पहने हुए नर्तक नृत्य कर रहे थे। कहीं राजस्थान की

धूम थी, कहीं हरियाणा की, तो कहीं गुजरात का गरबा ज़ोरों पर था। बुनकर हथकरघों पर कपड़े बुनकर लोगों को आश्चर्यचकित कर रहे थे। कहीं कुम्हार चाक चला कर लोगों को मिट्टी के बर्तन बनाने के लिए आमंत्रित कर रहा था। कहीं शिल्पकार मूर्ति बनाने में व्यस्त था। भिन्न-भिन्न प्रांतों के स्वादिष्ट व्यंजन लोगों को अपनी ओर आकर्षित कर रहे थे। बूढ़े, बच्चे, युवा सभी के चेहरे प्रसन्नता से खिले हुए थे। दूधिया बल्बों की रोशनी ने अंधकार को भगा दिया था। उत्तर, दक्षिण, पूरब, पश्चिम मानों सभी कोने एक स्थान पर सिमट आये थे। भारतीय संस्कृति एवं कला का ऐसा भव्य प्रदर्शन और कहीं नहीं मिल सकता जैसा कि सूरजकुंड में प्राप्त होता है।

सोचें और लिखें

1. निम्नलिखित विषयों पर लगभग 100 शब्दों का अनुच्छेद लिखें।

   क) मेरी माँ

   ख) क्रिकेट

   ग) पुस्तकालय

   घ) जब मैंने पहली बार साइकिल चलाई

   ङ) सपने में परीलोक की सैर

20. निबंध-लेखन *(Essay writing)*

निबंध साहित्य की एक प्रमुख विधा है। इसमें भाव एवं विचार दोनों का समावेश होता है। निबंध को प्रस्तुत करने का ढंग विशेष महत्त्व रखता है। इसमें विचार, क्रमिक, वाक्य छोटे, सरल और स्पष्ट होने चाहिए। इसके प्रमुख तीन भाग होते हैं — **भूमिका, विस्तार** एवं **समापन**। **भूमिका** में विषय के महत्त्व को बताया जाता है। **विस्तार** में विषय की विस्तृत जानकारी, कारण, लाभ, हानि, समस्या। **समापन** या **उपसंहार** अंतिम भाग है। इसमें पूरे निबंध का सार लिखा जाता है।

निबंध को अनुच्छेदों में बाँटकर लिखा जाता है। अनुच्छेद न बहुत बड़े हों न बहुत छोटे। मुहावरों एवं सूक्तियों के प्रयोग से निबंध प्रभावशाली बनता है।

दीपों का त्योहार दीपावली

दीपों का त्योहार दीपावली, भेंट और उपहारों का त्योहार दीपवली, खुशियों, उमंगों का त्योहार दीपावली। प्रेम भाईचारा तथा समानता का भाव फैलानेवाला त्योहार है दीपावली। 'सदा दिवाली संत घर जो घर गेहूँ होय' अर्थात् दीपावली शब्द सुख, समृद्धि एवं खुशियों का पर्याय है। हर जाति, हर धर्म के लोग इसे मिल-जुलकर मनाते हैं। यह लोगों के हृदयों में नई स्फूर्ति और उत्साह लाता है।

हिंदुओं के इस पवित्र त्योहार से जैन एवं सिख धर्म की भी धार्मिक गाथाएँ जुड़ी हैं। यह त्योहार कार्तिक मास की अमावस्या के दिन मनाया जाता है। ऐसी मान्यता है कि इस दिन अयोध्या के राजा रामचन्द्र जी 14 साल का वनवास पूरा करके, लंका के राजा रावण

को मारकर अयोध्या वापस आए थे। उनके आने की खुशी में घर-घर में घी के दीए जलाए गए, आतिशबाजियाँ छोड़ी गईं। तभी से यह त्योहार हर हिंदू के घर बड़े जोश और उत्साह से मनाया जाता है। कहा जाता है कि युधिष्ठिर के राजसूय यज्ञ की समाप्ति इसी दिन हुई। आर्यसमाज के प्रवर्तक दयानन्द सरस्वती एवं जैन धर्म के महावीर स्वामी का निर्वाण भी इसी दिन हुआ। सिखों के छठे गुरु को भी इसी दिन कारावास से मुक्ति मिली थी। इसलिए ये सभी अपने-अपने ढंग से दीपावली मनाते हैं।

माना जाता है कि समुद्र-मंथन होने पर आज के ही दिन लक्ष्मी जी प्रकट हुईं थीं। इसीलिए लोग इस दिन लक्ष्मी पूजन करते हैं। यह त्योहार तीन दिन तक मनाया जाता है। त्रयोदशी के दिन धनतेरस होता है। लोग इस दिन नए बरतन आदि खरीदते हैं। व्यापारी नए बही-खाते खोलते हैं। दूसरे दिन छोटी दीवाली होती है। तीसरे दिन बड़ी दीवाली मनाई जाती है। हर घर मिट्टी के दीयों एवं रंगीन बल्बों से जगमगा जाता है। लोग एक-दूसरे को मिठाई और उपहार बाँटते हैं। नए कपड़े पहनते हैं। बच्चे, बड़े, बूढ़े पटाखे एवं आतिशबाजियाँ चलाते हैं। नए-नए पकवान बनाए जाते हैं। रात को लक्ष्मी-गणेश की पूजा की जाती है। इस प्रकार पूरी रात उत्साह एवं उमंग में कट जाती है।

जहाँ यह एक ओर खुशियाँ, एकता और भाईचारे की भावना को फैलाता है दूसरी ओर कुछ हानियां भी हैं। कुछ लोग इस दिन जुआ भी खेलते हैं, शराब पीते हैं जो बहुत हानिकारक है। पटाखों के कारखानों में छोटे बच्चे काम करते हैं जिसमें उनके स्वास्थ्य पर बुरा असर पड़ता है। इसका धुँआ वातावरण को प्रदूषित करता है। अतः हमें चाहिए कि पटाखों का बहिष्कार करें। शराब और जुए को हाथ न लगाएँ तभी हम सच्चे अर्थों में प्रकाश के त्योहार दीवाली को दीपावली बना सकते हैं।

अगर मैं तितली होती

मनुष्य कभी-कभी विचित्र इच्छाएँ करता है, अजीब से स्वप्न देखता है। प्रकृति की सुंदर सृष्टि को देखकर वैसा बनने की इच्छा करता है। सुंदर बाग-बगीचों में फूलों पर स्वच्छंद मंडराती तितलियाँ किसका मन नहीं

मोह लेतीं। ऐसा लगता है जीवन का सच्चा आनंद तो ये तितलियाँ ही उठा रही हैं। प्रकृति के अनुपम देन के रस में पूर्ण रूप से डूब रही हैं।

उन्हें देखकर ही ऐसी इच्छा होती है, काश! अगर मैं भी तितली होती। अपने सुंदर रंगबिरंगे पंख फैलाकर कभी गुलाब, कभी चमेली, कभी जूही के फूलों पर मंडराती। ऊपर बैठकर उनका रसपान करके इतराती। जब कोई बच्चा मेरी तरफ ललचाई दृष्टि से देखता और मेरी तरफ हाथ बढ़ाता, मैं झट से उड़ जाती। उसके मायूस चेहरे को देखकर बड़ा आनंद आता।

मैं तो फूलों की सच्ची मित्र हूँ। अपने पंखों पर और अपने पैरों में उनके पराग को चिपकाकर दूर उड़ जाती और वहाँ उसके बीज बिखेर देती। जिससे एक और सुंदर उपवन मेरे लिए बन जाता। काँटे तो मेरे सबसे बड़े दुश्मन हैं। वे निर्दयी मेरे कोमल पंखों को छेद देते हैं। उन्हें कौन समझाए कि किसी को दुख मत पहुँचाओ। वैसे भी तो काम के हैं, अपने फूलों की रक्षा करते हैं। सबसे बड़ा धन्यवाद तो मैं, उस ईश्वर को देती जिसने मुझे इतना सुंदर एवं मोहक रूप-रंग दिया। इतना अच्छा स्वभाव दिया कि मुझे किसी से कोई शिकायत नहीं। मैं किसी को कोई नुकसान नहीं पहुँचाती। खुले आकाश में इधर से उधर केवल उड़ती रहती।

सोचें और लिखें

1. विद्यालय का वार्षिकोत्सव

वार्षिकोत्सव का महत्त्व
वार्षिकोत्सव की तैयारी
मुख्य अतिथि का स्वागत
कार्यक्रमों का वर्णन
समापन

2. **वर्षा का एक दिन**

अकस्मात वर्षा

भीषण गरमी के बाद मनमोहक वर्षा

तुमने कैसे आनंद उठाया

समापन

3. **समय का सदुपयोग**

समय का महत्त्व

समय का विभाजन

समय की पाबंदी

सफलता पाने में समय का महत्त्व

आदर्श प्रश्न पत्र *(Model Test Paper)*

समय : 1 घंटा **पूर्णांक : 50**

1. भाषा किस-किस प्रकार सीखी जाती है? 2

क) .... ख) ....

ग) .... घ) ....

2. प्रदेशों के सम्मुख वहाँ की भाषा का नाम लिखें। 4

क) हरियाणा = ...

ख) महाराष्ट्र = ...

ग) पंजाब = ...

घ) राजस्थान = ...

3. निम्नलिखित वाक्यों में संज्ञा शब्द छाँटकर उनके भेद लिखें।

क) बुढ़ापे में बचपन के दिन याद आते हैं। 3

....

....

....

ख) मिट्टी के घड़े में रखा पानी ठंडा होता है। 3

....

....

....

4. कोष्ठक में दिए निर्देशानुसार उत्तर लिखें। 7

क) कुत्ता, बंदर (लिंग बदलें) ....

ख) दवाई, स्त्री (वचन बदलें) ....

ग) न्याय, स्थिर (विलोम शब्द लिखें) ....

घ) धनुश, अध्यन (शुद्ध रूप लिखें) ....

ङ) भिखारी को रोटी दो। (रेखांकित शब्दों के कारक बताएँ)

....

च) धीरे बोलो वह बच्चा सुन लेगा। (क्रिया विशेषण छाँटकर भेद भी लिखें)

....

छ) गायक ने सुंदर गीत गाया। (वचन एवं लिंग बदलकर वाक्य पुनः लिखें)

....

5. निम्नलिखित वाक्यों में क्रिया-शब्द छाँटे व उनका काल बताएँ। 4

क) बिना पीछे देखे वह चलता ही चला गया।

....

ख) आज बाज़ार बंद रहेगा।

....

ग) वह घर आ चुका है।

....

घ) मुझसे अब और चला नहीं जा रहा।

....

6. क) अनुस्वार एवं अनुनासिक वाले दो-दो शब्द लिखें। 2

....

....

ख) क वर्ग के वर्ण लिखें। 2

क ....

7. क) उचित सर्वनाम से रिक्त स्थान भरें। 3

मित्र .... गाँव से आया हूँ।

पानी में .... पड़ गया है।

मोहित का .... खो गया है।

ख) सर्वनाम छाँटिए और प्रकार बताइए। 4

	सर्वनाम	प्रकार
देखो, कौन आया है ?	....	....
यह पुस्तक अभी निकली है।	....	....

8. निम्नलिखित वाक्यों में विशेषण शब्द छाँटिए और उनके भेद लिखिए। 4

	विशेषण	प्रकार
क) वह मीठी वाणी बोलती है।	....	....
ख) दो लीटर तेल ले आओ।	....	....
ग) बुद्धिमान मनुष्य की पूजा होती है।	....	....
घ) घर सुंदर है।	....	....

9. नीचे लिखे शब्दों के दो-दो पर्यायवाची लिखिए। 4

क) घर ....

ख) जंगल ....

ग) आँख ....

घ) अतिथि ....

10. निम्नलिखित वाक्य में विराम चिह्न लगाएँ। 2

अहा कितना सुंदर मौसम है

11. नीचे लिखे वाक्यों को उचित मुहावरों से पूरा करें। 4

क) कंप्यूटर खराब हो जाने पर ही रितेश की .... खुलीं।

ख) साहिल ऊँचा पद पाने के लिए बॉस के .... घूमता है।

ग) सोनल चुपचाप बैठी है ज़रूर .... काला है।

घ) भारत ने युद्ध में पाकिस्तान के .... छुड़ा दिए।

12. नीचे लिखे गद्यांश को पढ़कर प्रश्नों के उत्तर दें। 4

एक वन में एक बहुत बड़ा वृक्ष था। उस पर बहुत से पक्षी रहते थे। एक बार वे बहुत भूखे थे। इसलिए भोजन के लिए इधर-उधर घूम रहे थे। एक मैदान में उन्होंने चावल के दाने देखे। वहाँ जाकर वे प्रसन्नता से चावल के दाने खाने लगे। किंतु वे जाल में फँस गए। वे सभी जाल के साथ उड़कर अपने मित्र चूहे के पास गए। चूहे ने वह जाल काट दिया। सभी स्वतंत्र होकर नाचने और गाने लगे। सच ही कहा है विपत्ति के समय घबराना नहीं चाहिए। मिलकर किसी भी विपत्ति का सामना किया जा सकता है। एकता में बल है।

क) विशाल वृक्ष पर कौन रहते थे?

....

ख) पक्षी प्रसन्नता से क्या खा रहे थे?

....

ग) पक्षियों का मित्र कौन था?

....

घ) इससे क्या शिक्षा मिलती है?

....